KB061208

공공상담소

마음의
증상을
말하다

공공상담소
마음의 증상을 말하다

초판 1쇄 인쇄 2016년 10월 24일
초판 1쇄 발행 2016년 11월 9일

지은이 이승욱 신지영 김현숙

펴낸이 연준혁

출판 6분사 분사장 이진영
편집장 정낙정
편집 박지수 이경희 조현주
제작 김점준

펴낸곳 ㈜위즈덤하우스
출판등록 2000년 5월 23일 제 13-1071호
주소 경기도 고양시 일산동구 장항동 정발산로 43-20 센트럴프라자 6층
전화 031-936-4000 팩스 031-903-3895
홈페이지 www.wisdomhouse.co.kr

값 16,000원   ISBN 978-89-5913-076-4 03180

국립중앙도서관 출판시도서목록(CIP)

공공상담소 마음의 증상을 말하다 / 지은이: 이승욱, 신지
영, 김현숙. ─ 고양 : 예담출판사, 2016
   p. ;   cm

ISBN 978-89-5913-076-4 03180 : ₩16000

심리 상담[心理相談]

189-KDC6
158.128-DDC23   CIP2016025132

공공상담소

마음의
증상을
말하다

이승욱

신지영

김현숙

지음

증상은 숨겨야 할 것이 아니라
마주해야 하는 것이다

예담

지금 우리가 증상을 말하는 이유

    증상과 병리는 어떻게 다를까? 증상이라는 것은 어쩌면 반드시 진단을 필요로 하지 않을 수 있다. 그러나 어떤 증상이 반복적일 뿐 아니라 지속적으로 삶의 순탄한 흐름을 방해한다면 병리적 판단이 필요하고, 그것은 진단이라는 전문적 행위를 거치게 된다.

    예를 들어 피부에 염증이 생겼다고 하자. 어떤 염증은 외부 감염으로 인한 단순 증상일 수 있다. 하지만 몸의 면역계통에 문제가 생겼고, 면역력 저하로 인해 발생한 신체 내부적 문제로 인한 염증이라면 그것은 병리적 관점에서 원인과 해결책을 찾아야 한다.

    인간의 심리와 정신의 문제 역시 마찬가지다. 많은 사람들이 흔히 경험하는 우울감은 단순 염증처럼 삶의 과정에서 간헐적으로 발생할 수 있는 하나의 증상일 때가 많다. 그것은 병리적 정신 장애와는 다른 차원의 현상이다.

장애와 진단에 대한 정확한 지식이 없는 경우 단순 증상을 병리, 장애로 확장시켜 생각할 때가 많다. 때로는 어떤 이유 때문에 자신을 정신적 장애를 가진 사람으로 전락시키거나 또는 타인을 공격하기 위한 도구로 정신적 장애를 사용하기도 한다.

예를 들면 우리가 흔히 정의도 잘 모르면서 '저 사람 사이코패스 아냐?' 또는 '쟤는 소시오패스야'라고 쉽게 말하는 경우다. 또는 '그 집 애 자폐증 아니야?'라든지, '아무래도 우리 애가 ADHD인 것 같아'라고 속단해버리는 경우도 많다. 비전문가가 단순한 증상 하나를 근거로 해서 비정상이라는 의미를 내포한 병리적 진단을 하는 것은 여러모로 올바르지 않다.

이 책을 쓰는 목적 중의 하나가 여기에 있다. 그릇된 정보나, 왜곡된 상식으로 인해 자기 자신을 또는 누군가를 병리적 인간으로 전락시키는 것을 방지하는 것이 전문가들의 책임 중 하나이다. 누군가를 섣불리 진단하기 위해서가 아니라 함부로 진단하지 않기 위해 이 책이 사용된다면, 이 책의 용도로써 가장 올바른 일이다.

책의 전개를 위해 비정상에 대한 논의를 먼저 해야 할 필요가 있겠다. 한 사람의 상태가 비정상이라고 진단하는 행위의 정당성은 여전히 논란 중이다. 즉, 비정상이라는 정의를 내리기 위해서는 모두가 동의할 수 있는 '정상'에 대한 정확한 설명이 있어야 한다. 하지만 정상이란 무엇인지에 대해 수많은 논의가 있어 왔지만 아직도 정신의 정상, 비정상성에 대해서는 정확하게 규정하지 못하고 있다. 정상의 기준을 대체로 보편성, 다수에 기대어왔기 때문이며, 따라서 언제나 인종적 예외와 문화적 특수성과 습속의 차이를 포함할 수 없기 때문이다.

예를 들어 서양 정신의학계에서 조현병(예전의 정신분열병)으로 진단된 사람이 다른 문화권에서는 숭배와 돌봄의 대상이 되는 경우도 있다. 뉴질랜드 원주민(마오리)들은 환청을 듣고 환영을 보는 사람(조현병의 대표적 증상)을 신과 대화하는 사람으로 여겨 극진히 보살핀다. 이렇게 문화권에 따라 상태를 받아들이는 방식이 다르다. 한국 무당들의 신내림 현상을 보고 조현병으로 진단할 수 없음도 이와 같은 맥락이다. 알코올 중독의 진단 기준을 정확하게 적용하면 한국 사람들의 상당수는 최소한 알코올 의존 또는 알코올 중독으로 진단되고도 남는다.

이렇듯 보편성, 다수 또는 백인 중산층 문화 등의 기준을 우선으로 정상과 비정상을 구분하는 것은 불공정하다. 따라서 증상은 물론이고, 장애 역시 비정상과 동일시되어서는 안 되며, 그 누구도 자신이나 타인을 함부로 비정상으로 몰아서도 안 된다.

다음으로 논의될 용어는 '장애'다. 정신적 장애에 진단명을 붙일 때, disorder라는 단어가 사용되고, 우리말로 번역될 때 장애로 전환된다. 예를 들면 Anxiety 'Disorder'는 불안'장애'로 번역한다.

'장애'라는 용어 역시 쟁점이 될 여지가 있다. 보통 육체 기능에 대해 '장애'라고 진단할 경우 그 육체 기능은 평생에 걸쳐 회복되지 않는 '불구' 상태로 이해한다. 하지만 정신의 영역에서 장애라 함은 대체로 일시적인 기능의 저하나 왜곡 상태를 말한다. 따라서 장애가 발생하기 이전 상태로의 회복 가능성에 대해 희망적이며, 심지어 이 심리적 장애를 잘 극복하고 나면 훨씬 더 정신적으로 성숙해지거나 삶을 대하는 자세가 더 자유로워지는 경우들도 많다. 정신의 영역에서 진단되는 '장애'는 그 원인과 극복 방법을 정확하게 알고, 잘 극복해낸다면 오히려 예전보다 더 건강한 마음과 정신을 가질 수도 있다. 이것은 필자들의 오랜 임상 경험을 통해 직접 목격하고 확인할 수 있는 일들이었다.

'증상'에 대해서 조금 얘기해야 할 것 같다. 단순한 우울감과 같은 증상이라면 이것은 오히려 정신적인 휴식의 기회가 되기도 하고, 때로는 당면한 문제에 대해 더 숙고할 수 있는 상태로 만들기도 한다. 그런데 이런 증상들이 여러 개 모여서 삶을 지속적으로 부정적 상태를 발생시킨다면 그것을 진단과 병리, 치료의 관점에서뿐만 아니라 하나의 중요한 삶의 메시지로 대접하는 자세도 필요한 것 같다. 이 현상이 무엇을 말하려 하는지, 내가 선택해온 삶의 어떤 경험들이 나를 이 상태로 만들었는지에 대한 성찰의 기회로 삼을 수도 있다. 더 깊은 층위에서는 증상은 정신의 균형을 회복하라는 내면의 메시지라고 볼 수도 있다.

그럼에도 불구하고 이 책의 내용을 전개하기 위해서는 정신의학계와 심리학계에서 통용되는 진단 기준과 그에 의거한 용어를 사용하며 설명할 것이다. 그 진단 기준은 미국정신의학회(America Psychiatric Association)에서 발간한 《DSM-5(Diagnostic Statistical Manual for Mental Health Disorder 5th Edition)》이다. 하지만 DSM에만 의지하지 않고 다양한 학문적 연구논문을 참고하여 가능한 다양한 시각에서 장애 진단에 대한 설명을 덧붙였다. 일반 독자들의 이해를 돕기 위해 진단의 기준과 함께 실제 사례를 각 장마다 두세 개씩 제시하며 장애의 현상과 진단 과정에 대해서도 설명했다.

무엇보다 이 책의 가장 큰 장점으로 꼽을 수 있는 것은, 모든 챕터마다 실질적이고 적용 가능한 치료 가이드라인을 제시했다는 데 있다. 우리는 이 책을 쓰며 실증적인 증거를 포함한 최근의 논문을 중심으로 국내외 다양한 연구를 검토했으며, 여러 차례의 논의를 거쳐 효과적인 도움이 될 수 있는 치료적 제안들을 정리했다. 이러한 치료적 제안을 제시하기에 앞서 독자들의 이해를 돕기 위해 장애 발생의 심리적 원인을 먼저 설명하는 데도 주안점을 두었다. 하지만 개인의 개별 증상은 모두 개성적이므로 이러한 보편적이고 다소 포괄적인 치료적 제안이 모든 이의 장애를 회복하는 데 결정적인 도움이 되기 어렵다는 것과, 그것은 우리의 노력이 넘기 어려운 한계였음을 밝힌다.

이 책을 쓰는 우리 세 명의 저자 모두 사람의 마음 상태를 어떤 장애로 판단하는 것에 대해 거부감을 가지고 있다. 반복하지만 진단은 일종의 범주화이고, 자칫하면 한 사람을 어떤 장애를 가진 '대상'으로 전락시킬 가능성이 높기 때문이다. 따라서 분명히 밝혀두고 싶은 것은, 이 책 속에서 우리가 무엇인가를 대상화한다면 그것은 '증상' 또는 '장애'이지 그것을 가진 사람은 아니라는 것이다. 우리가 궁극적으로 관심을 기울이는 것은 진단 기준을 도구로 삼아 어떻게 인간이 더 건강하고 복된 삶을 살도록 조력할 것인가에 있음을 강조하고 싶다.

이승욱 신지영 김현숙

차
례

5. 성격장애 증상을 말하다

1

공황장애 증상을
말하다

언론을 통해 유명 연예인들이 공황장애를 겪고 있다는 소식을 심심찮게 접한다. 그래서인지 공황장애는 '연예인병'으로 불리며 많이 알려져 있다. 하지만 그만큼 공황장애에 대한 오해도 많은 듯하다. 공황장애는 특별한 이유 없이 예상하지 못한 순간에 극도의 불안이나 공황발작(panic attack)을 보이는데, 심장이 터질 듯 빨리 뛰고 진땀이 나며 죽을 것 같은 극심한 공포심을 느끼는 상태가 지속적으로 여러 차례 계속된다. 더 심해지면 이 증상 또는 증상의 재발에 대한 예기 불안 때문에 일상생활의 어려움을 경험한다. 이런 신체적인 증상으로 인해 종종 이 장애를 신체적 이상으로 오해하기도 한다.

공황에 해당하는 영어는 패닉, P-A-N-I-C인데, 흔히 혼란스러운 상황이나 당황스러운 경험에 대해 사람들은 "나 완전 패닉이었어"라는 표현을 쓰곤 한다. 하지만 여기에서는 사회적으로 통용되는 또는 사람들이 흔히 일상적으로 말하는 상태가 아니라 진단이 가능한, 어떤 면에서는 병리적이라고까지 말할 수 있는 증상으로서의 패닉을 다루려고 한다.

패닉(panic)이라는 단어는 그리스 신화에 등장하는 '판(Pan)'으로부터 유래되었다고 한다. 판은 상업의 신 헤르메스와 페넬로페 사이에서 태어난 아들로 생김새가 희한했다. 얼굴은 사람의 모습인데 온몸은 털투성이고, 허리 아래는 염소의 모습을 한 반인반수였다. 판은 숲 속에서 살았는데 조금만 기분이 나빠지면 괴성을 질러 사람과 동물들을 불안에 떨게 만들었으며, 판이 나타나면 사람들은 겁에 질려 안절부절못하고 공포에 떨었다. 또한 판은 호색한이어서 숲 속의 요정이나 인간 여성을 보면 덮치곤 해 요정들이나 여성들이 판을 보는 순간 느꼈을 공포에서 '패닉'이라는 말이 유래한다는 이야기도 있다. 모두 공황장애의 증상이 지니는 극도의 '불안' 및 '공포심'과 연결되는 지점이 있다.

그렇다면 불안, 공포, 공황은 어떻게 구분될까? 불안은 쉽게 말해 뭔가 좋지 않은 일이 생길 것 같은 기분이 드는 것이다. 이에 비해 공포는 두려운 대상을 직접 대면했을 때 발생하는 감정이다. 예를 들어 시험을 못 봐서 엄마에게 혼날 것 같아 '불안'하다가, 성적표를 들고 집에 가서 엄마를 보는 순간 그 감정은 '공포'로 변한다. 다시 말하면 불안은 안 좋은 일이 생길 것 같은 느낌 때문에 심장이 뛰거나 긴장되고 안절부절못하는 상태이고, 공포는 불안감을 줄 만한 직접적인, 물리적인 어떤 대상이나 상황이 눈앞에 나타나거나 그것이 현실적으로 다가왔을 때 느끼는 감정이다. 이에 반해 공황은 이보다 훨씬 다른 차원으로 발전되어버린 상태다.

공황에 빠진 사람들

공황장애를 좀 더 이해하기 위해 사례를 함께 살펴보자. 먼저, 공황발작을 경험한 한 중년 남성의 이야기다.

Y씨는 자영업을 하는데 평소 굉장히 꼼꼼하고 완벽하게 일 처리를 하는 사람으로 알려져 있다. 그는 매사에 긴장하고, 잔걱정도 많은 편이다. 2015년 6월 메르스(MERS) 사태가 터져 매출이 떨어지자 Y씨는 잠을 거의 이룰 수가 없었다. 여름 휴가철과 겹치면서 인건비도 지급하지 못할 상황까지 경영이 악화되어갔다. Y씨는 며칠 동안 잠도 제대로 자지 못하고 매우 피곤한 상태에서 어느 날 창고에 들어가 재고 조사를 하게 되었다. 그런데 어두운 창고 안에 들어가자 갑자기 창고 벽이 자신을 향해서 확 다가오는 느낌이 들면

서 순간 너무 어지럽고 손발에 힘이 쫙 빠져 들고 있던 상자를 떨어뜨렸다. 이내 심장이 너무 답답해서 숨을 쉴 수조차 없게 되었다. Y씨는 그때 느꼈던 답답함을 "행주를 쥐어짜듯 심장이 쥐어짜이는 것 같았다"고 표현했다. 또한 숨이 안 쉬어지고 피도 안 통하는 것 같아, '요즘 돌연사가 많다더니 나도 이렇게 죽나 보다' 싶었다고 한다. 그 순간 극도의 공포감, 죽음에 대한 공포감을 느낀 것이다. 그렇게 15~20분간 사투를 벌이다 간신히 창고에서 나와 119에 신고를 해서 응급실에 실려갔다. 그런데 그 시간이 지나고 나니 아무 일도 없었다는 듯 몸도 말끔해지고 검사를 해도 별다른 증상이 나타나지 않았다.

이후 Y씨는 상담을 전공하는 친구의 추천으로 상담전문가와 상담을 진행했고, 그 후 같은 증상을 경험하지는 않았다.

공황발작을 경험한 사람들은 자신의 심장에 이상이 있다고 생각하거나 돌연사의 징후라고 생각하는 경향이 있다. 앞의 사례처럼 신체적 증상이 주를 이루기 때문에 공황발작이나 공황장애라고 생각하지 못하는 것이다. 또한 공황발작이 일어날 정도로 자신의 정신이 심각하다고 생각하지 않으려는 경우가 많다는 것도 또 하나의 이유다. 특히 강인한 정신력을 가져야 한다고 믿는 남성들에게서 더 두드러지는 현상이다. 또 다른 사례를 살펴보자.

1. 공황장애 증상을 말하다

E씨는 30세의 여의사다. 그녀는 몇 개월 전에 전문의로서의 모든 과정을 끝냈고, 새로 취직한 병원이 있는 도시로 최근에 이사를 했다. 그녀의 약혼자 역시 의사이고 같은 도시의 다른 병원에서 그녀보다 좀 더 일찍 내려와서 생활하고 있었다. 그들은 결혼을 앞두고 있는데, E씨는 결혼 준비와 여러 다른 일들 때문에 스트레스를 느끼고 있었다. 그녀의 약혼자는 그들의 신혼집을 알아보고 집수리를 하느라 분주했고, 둘 다 정신없이 바쁜 생활을 하고 있었기에 최근 들어 몇 주간 거의 얼굴도 보지 못했다.

E씨는 자가용으로 급하게 출근을 하던 어느 날 아침, 병원 앞에 거의 다 와서 갑작스러운 이상한 느낌에 당황했다. 뭔가 끔찍한 일이 생길 것 같은 공포감이 확 몰려오더니 심장이 쿵쾅거리며 심하게 박동했다. 어지럽고 혼절할 것 같은 느낌과 함께 호흡을 통제하기 어려울 정도로 숨이 가빠왔고, 급격한 괴로움도 엄습했다. 길가에 차를 세운 E씨는 운전대를 잡고 한동안 버티면서 진정하려 노력했다. 다행히 그런 고통은 몇 분 뒤에 잦아들었고 증상도 사라졌다. 하지만 정신을 차리고 보니 온몸이 흠뻑 젖을 만큼 엄청나게 땀을 흘리고 있었다. 출근해서 내과의 선배 의사에게 진찰을 받으며 "흡사 몇 톤의 벽돌이 나한테로 쏟아지는 순간을 보는 것 같았다"고 설명했다. 선배 의사는 몇 가지 필수적인 검사와 심전도 검사 등을 실시했으나 신체적 조건에 의한 소견은 아무것도 찾을 수 없었다.

그 후 2주일 간 E씨는 같은 증상을 겪은 적은 없었으나 운전에 대해서만큼은 불안이 점점 더 심해졌다. 처음에 경험했던 그날로부터 3주 뒤 E씨는 슈퍼마켓에 가던 차 안에서 또 한 번 같은 증상을 느꼈다. 그 후부터 E씨는 불안감 때문에 운전이 불가능해졌고 꼭 차를 써야 할 일이 생기면 약혼자나 친한 친구에게 운전을 부탁해야 했다.

두 번째 사례는 앞에서 말한 사례와 조금 다르게 보일 수 있지만, 증상의 진단 기준만으로 봤을 때 같은 공황발작으로 진단할 수 있는 여지가 상당히 많다. 짧게 다른 예를 들어보겠다.

굉장히 업무량이 많고 지방 출장이 잦은 한 남성은 지방 출장 중에 고속도로 터널을 지나며, 터널이 한없이 계속될 것 같고 터널 벽이 자동차를 우그러뜨리고 자신도 쪼그라들 것 같은 느낌을 경험했다. 그 후 지방 출장을 갈 때면 운전을 하지 못하고 대중교통만 이용한다. 또 다른 여성은 길을 가다가 갑자기 숨을 못 쉴 것 같은 발작이 일어나며 정신을 잃었다. 그리고 난 다음에는 어디든 혼자 가는 것이 두려워졌다. 이렇게 공황발작은 일상생활을 어렵게 만든다.

공황발작이 한 번 일어나면 어떤 경우는 한두 번으로 끝나기도 하지만, 많은 경우 계속 심화되기도 한다. 일반적으로 이런 발작이 일어나면 먼저 응급실로 달려가는데, 응급실에서 치료가 되는 것이 아

1. 공황장애 증상을 말하다

니기 때문에 죽을 것 같은 극심한 공포를 일상에서 지속적으로 느끼며 견딘다. 이런 상황에 이르면 건강 염려증에 빠져 온갖 검사를 다하고 좋다는 약은 다 먹어보기도 한다. 그리고 상태가 더 심해지면 모든 사회적 활동까지 접어버리는 상황에 이를 수도 있다.

공공상담소 마음의 증상을 말하다

어떤 증상이
공황발작일까

지금까지 공황발작을 겪은 사람들의 사례를 살펴보았다. 공황발작은 종종 공황장애로 발전하기도 한다. 따라서 이를 좀 더 면밀하게 이해하기 위해서 먼저 공황발작으로 판단 할 수 있는 기준을 살펴보자. DSM-5에 나와 있는 진단 기준은 열세 가지이다. 그중에서 최소 네 가지 이상의 증상이 있어야 공황발작으로 진단한다.

공황발작 명시자의 진단 기준

1. 심계항진, 가슴 두근거림 또는 심장 박동 수의 증가

2. 발한

3. 몸이 떨리거나 후들거림

4. 숨이 가쁘거나 답답한 느낌

5. 질식할 것 같은 느낌

6. 흉통 또는 가슴 불편감

7. 메스꺼움 또는 복부 불편감

8. 어지럽거나 불안정하거나 멍한 느낌이 들거나 쓰러질 것 같음

9. 춥거나 화끈거리는 느낌

10. 감각 이상(감각이 둔해지거나 따끔거리는 느낌)

11. 비현실감(현실이 아닌 것 같은 느낌) 혹은 이인증(나에게서 분리된 느낌)

12. 스스로 통제할 수 없거나 미칠 것 같은 두려움

13. 죽을 것 같은 공포

Reprinted with permission from the Diagnostic and Statistical manual of Mental Disorders,
Fifth Edition, (Copyright 2013). American Psychiatric Association.
한국어판: DSM-5 정신질환의 진단 및 통계 편람(제5판), (주)학지사, 2015

　　진단 기준 열세 가지 항목 중에서 네 가지가 동시적으로 4~5분 내지 10분 정도 사이에 한꺼번에 몰려와서 완전히 압도되는 상태, 통제력을 상실한 상태를 경험했을 때 공황발작으로 진단한다. 하지만 공황발작의 진단 기준을 충족했다고 이것을 하나의 단일 장애로 인정하지는 않는다. 발작의 반복 또는 발작에 대한 예기 불안과 염려로 생활의 지장이 발생하는 등, 발작 증상이 진전된 양상으로 나타날 때만 공황장애로 진단할 수 있다. 뒤에서 이에 대해 자세히 설명한다.

공공상담소 마음의 증상을 말하다

이유 없는 공포,
나는 공황장애일까

사실 공황발작은 많은 사람들이 한두 번씩 겪기도 한다. 그런데 그것만으로 공황장애라고 진단하지는 않는다. 조금 복잡한 얘기이지만, 공황발작에서 공황장애로 진단하려면 다른 기준이 충족되어야 한다. 쉽게 말해서 1회성 공황발작만으로 장애로 진단할 수 없다는 뜻이다.

공황발작을 경험한 이후에 다음 제시하는 증상이 하나 이상 나타날 때 공황장애로 진단내릴 수 있다. 첫 번째는 공황발작이 다시 발생하거나, 또는 발작에 따른 후유증이 있어야 한다. 후유증이라고 하는 것은 자기통제력을 상실한다거나 또는 심장발작이나 미칠 것 같은 느낌이 또 나타날까 봐 지속적으로 염려하고 두려워하는 것을 말한다. 두 번째는 공황발작과 관련해서 현저하게 부적응적인 행동의 변화가 나타나는가 여부이다. 예를 들면 공황발작을 회피하기 위해 일상의 활동을 모두 하지 않거나 낯선 상황을 아예 피하는 행동 같은 것을 말한다. 이 두 가지 중에 하나 이상이 나타나면 공황장애라고 진단할 수 있다.

앞서 두 번째 사례에서 여성 의사가 처음에 경험했던 것은 공황발작이다. 그리고 공황발작을 몇 번 경험하고 나서 그다음부터는 유사한 상황이 오는 것이 두려워 다른 사람을 운전석 옆자리에 앉히거나 운전을 부탁해 혼자 운전하는 상황을 회피하는 것은 공황장애로 진단할 수 있는 두 번째 요건에 해당된다.

첫 번째 사례의 Y씨 역시 공황발작을 경험했다. 심장이 조이는 듯한 느낌, 어지럼증, 손발의 힘 빠짐, 질식할 것 같은 호흡 곤란, 가슴의 통증과 죽을 것 같은 공포 등 꽤 여러 개를 동시에 겪었다. 하지만 Y씨 같은 경우 공황발작을 경험하고 바로 상담을 진행해 공황장애까지 발전하지 않은 경우라고 할 수 있다.

그러면 일상에서 가끔씩 심장 박동이 갑자기 빨라지고, 땀이 나기도 하는 상황은 어떻게 보아야 할까? 이 역시 공황발작이라고 의심을 해야 할까?

발작이라는 단어 자체를 거북하게 여기는 사람이 많다. 보통 발작이라고 하면 간질 발작이라고 오해하기 쉽기 때문인지도 모른다. 그러나 공황발작은 간질과는 분명 다른 증상이며, 발작 당시 자신이 현재 어떤 상태라는 것을 느낄 수 있다. 공황발작에서 가장 중요한 것은 무언가 완전히 무너지고, 끝이 나고, 통제가 안 되고, 죽을 것 같으며, 현재 내가 겪고 있는 것이 완전히 비현실적이고 초현실적으로 끝날 것 같은 상태를 경험한다는 점이다. 이런 몇 가지 증상들이 한꺼번에 몰려오기 때문에 완전히 압도되는 심리적 공포 상태에 이르기도 하는 것이다.

얼마나 많은 사람이
공황을 경험하고 있을까

　그렇다면 공황발작은 어느 정도로 많이 겪는 증세일까? DSM-5에 나온 공황발작 유병률(일생 동안 한 번 이상 하나의 장애나 질환에 걸리는 비율)은 3~4퍼센트에 이른다. 즉, 인구 백 명 중에서 서너 명 정도가 평생에 한 번 공황발작을 경험한다는 것이다. 그중에서 공황장애로 진단되는 경우는 2~3퍼센트 내외이다. 그러니까 백 명 중에서 두세 명꼴로 공황장애를 경험하는 셈이다. 다른 자료에 따르면 공황장애는 우리나라의 경우 인구의 1.5~2퍼센트로 나오기도 한다. 그런데 이 같은 통계 수치는 병원이나 관련 전문기관에서 진단된 사례만을 다루는 것이기 때문에 실제 수치와는 차이가 있을 것이다.

　국민건강보험공단이 건강보험 진료비 지급 자료를 분석한 결과,

국내 공황장애 환자 수는 2006년 3만5,000여 명에서 2011년 5만 9,000여 명으로 68.5퍼센트 늘었다. 최근 5년간 매년 평균 10.7퍼센트씩 환자 수가 증가하고 있다.

공황발작이나 공황장애의 특징은 아주 나이가 어린 사람이나 나이가 65세 이상인 사람들보다 20대에서 현저하게 높은 발병률(어떤 시점에 일정한 지역에서 특정 장애나 질환을 가진 사람의 비율)을 보인다는 점이다. 발병률 수치상으로 20~30대에서 가장 높이 나타나고 65세 이상, 15세 이하는 낮았다. 미국의 경우 50~60대 이상이 지나면, 특히 65세 이상은 공황발작 발병률이 0.7퍼센트로 낮았고, 15세 이하 발병률은 0.4퍼센트로 나타났다. 그 수치는 천 명 중에 네 명 정도가 있을까 말까 한 정도라는 것이다.

미국의 경우 공황장애 발병률이 2~3퍼센트 정도인데 백인들이 이 정도 수치이고, 라틴아메리칸이나 아시아 아메리칸의 발병률은 이보다 낮다. 그런데 한 가지 흥미로운 점은 흔히 인디언이라고 말하는 미국 원주민들에게서 공황장애 발병률이 백인들에 비해 높게 나타난다는 것이다. 발병률이 무려 11퍼센트에 이른다.

미국에서 이뤄진 조사이긴 하나 일반인들에게 '지난 1년간 공황발작을 경험하셨습니까?'라는 질문을 던졌을 때 백 명 중 열 명, 즉 10퍼센트가 공황발작을 경험했다는 보고가 있다. 평생에 걸쳐서가 아니라 지난 1년간 증상을 경험했다는 점은 눈여겨보아야 한다. 그런데 이 같은 증상이 가장 많이 일어나는 시기가 바로 20~30대 사이였다. 또한 분명하게 공황발작으로 진단할 정도는 아니지만 그와 유사한 느낌의 경험은 상당히 많은 사람들이 하는 것으로 보고되었다. 정확하게 장애로 진단할 수는 없다 하더라도 상당히 많은 사람들이 공황발작과 유사한 경험을 한다는 뜻이다.

그렇다면 공황장애 증상은 왜 발생하는 것일까? 어떤 장애든 그 원인이 있기 마련이다. 물론 그 원인이 100퍼센트 밝혀지지는 않았지만 앞서 통계 수치에 나온 것처럼 흔한 장애라면 어떤 심리적 또는 생리적, 기질적, 유전적 요인들이 있을 것이다.

공공상담소 마음의 증상을 말하다

무엇이 우리에게
공황을 몰고 오는가

공황장애의 원인에 대해서는 생물학적, 유전적, 심리사회적 요인 등 다방면에서 상당히 많은 연구가 이뤄졌다. 그러나 그 원인이 확실하게 밝혀지지는 않았다.

공황을 몰고 오는 위험인자들

먼저 생물학적 요인을 살펴보면 잘못된 질식 경고 체계 이론을 들 수 있다. 건물에 화재경보기가 제대로 작동하지 않는 상황을 상상해보면 쉽게 이해할 수 있다. 화재경보기가 고장 나면 건물 안에서 담배를 피워 연기가 조금만 나도 건물 전체에 불이 난 것처럼 "엥" 하고 울릴 수 있다. 이처럼 조금만 불안한 일이 생겨도 신체상의 반응을 포함해 금방 죽을 것 같은 반응이 일어나는 것, 즉 신체 반응이 오작동하는 것이다. 이러한 신체 반응의 오작동은 심리적인 오역(misinterpretation)이 일어났다는 의미이다. 어떤 상태를 오해해서 그 상태를 과장하거나 잘못된 것으로 받아들이는 것으로, 생리적이라기보다 심리적인 질병에 가깝다. 이를테면 자기 신체 증상에 대해 비극적인 잘못된 해석을 하는 것이다. 심장이 떨리고, 심장이 조여오거나 뭔가 무너지는 것 같은 느낌이 들 때 '혹시 심장에 이상이 있나?', '건강에 큰 문제가 왔나?' 하고 생각하는 것이 아니라, '아, 이렇게 죽는구나!' 하고 오역해버리는 것이다.

유전적인 요인도 살펴볼 필요가 있다. 부모가 공황장애를 가졌을 경우 유전이 될까? 공황장애는 유전병은 아니나 '어떤 경우에는 유전적인 성향이 있다'는 보고도 있다. 부모 중 한 명이 공황장애를 갖고 있으면 그 자녀가 장애를 앓을 확률이 4~8배 정도 높아진다. 그러나 이것이 유전적인 요인 때문인지 환경적인 요인 때문인지 아니면 둘 다 원인이 되는지 아직 정확히는 알 수가 없다. 왜냐하면 부모 중 한 명이 공황장애로 굉장히 불안해 하는 것을 지켜보며 자랄 경우, 불안이나 공포 같은 감정들이 전염될 가능성이 높고, 그것이 아이에게 잠복해 있다가 성인이 되어 공황장애로 이어질 가능성도 유추해볼 수 있기 때문이다.

심리학의 대상관계이론에서는 아이가 엄마에게서 떨어질 때 나타나는 분리불안과 공황장애 증상이 유사하기 때문에 분리불안과 관계가 있을 것이라고 보기도 한다. 예를 들어 엄마와 함께 마트에 간아이가 엄마를 잃어버린 상황을 생각해보자. 이때 아이의 상태는 어떨까? 가슴이 콩닥콩닥 뛰고 숨이 가쁘고 너무나 공포스럽다. 아이한테는 엄마가 온 세상인데 그것을 잃어버린다는 것은 굉장한 공포로 다가올 것이다. 그리고 그런 경험이 나중에 영향을 미쳐서 공황발작의 요인이 될 수도 있다.

남성, 여성에 따른 발병률의 차이를 살펴보면 남녀의 발병률 비율은 1 : 2 정도로 여성에게서 증상이 더 많이 나타나는 것으로 보고되고 있다. 이에 대해 여성이 남성에 비해 더 감정적이기 때문이라는 추론이 있다. 여성이 남성보다 감성적이고 정서적이고 더 예민하기 때문에 공황장애나 공황발작을 더 경험한다는 주장은 사실 리스크 팩터(risk factor)의 관점에서 보면 설득력이 있다.

어떤 병이나 장애에 걸릴 만한 조건을 가진 특정한 사람들의 요인을 찾아내기 위해 리스크 팩터를 분류해내는데, 신경질이 많은 사람이나 부정적 정서 상태에 있는 사람들에게 공황장애나 공황발작 위험인자가 더 높다는 보고가 있다. 불안 감지 능력이 예민한 사람, 성적 · 신체적인 학대를 비롯해 폭력을 경험한 사람들이 공황발작이나 공황장애를 경험할 가능성이 훨씬 더 높다고 할 수 있는 것이다.

　공황장애 발병의 중요한 요인으로 꼽아야 하는 또 하나는, 공황발작이나 공황장애를 경험한 사람들 대부분이 지난 한 달 동안 또는 몇 달 동안 본인도 인지할 만한 스트레스 상황에 노출되었다는 것이다.

　모든 요인들을 종합해서 추론해보면, 기질적인 요인이나 환경적인 요인, 즉 공황발작을 경험할 만한 위험인자가 높은데 스트레스가 확 몰려올 때 두 개의 요인이 상승작용을 하면서 공황발작이나 장애가 일어날 수 있다는 것이다.

경제 공황과 정신 공황,
모두 같은 '패닉'이다

　지금까지는 개인적인 차원에서 원인들을 찾아보았다. 그렇다면 사회적인 원인은 없을까? 사실 '대공황'이라는 경제 현상 역시 '패닉'이라고 한다. 쉽게 공황이라고 하면 경제 대공황, 경제가 무너진 상태를 떠올리게 된다. 아마 후세 경제사가들이 1998년 이후 지금까지의 경제 상태를 공황이라고 얘기하지 않을까 싶다. 미국의 서브프라임 금융 위기와 그리스의 국가 파산 상황……. 수많은 아시아 국가를 비롯해 한국과 러시아도 경제위기 상황을 경험했고 현재는 중국을 비롯해 유럽도 어려운 상태다. 전체적으로 보면 현재의 상황을 경제사가들이 세계적인 경제 공황 시기였다고 이야기할 수도 있을 것이다.

그런데 경제 공황과 정신적인 공황이라는 말이 같은 단어를 사용하고 영어로도 패닉이라는 말을 똑같이 사용한다는 것은 꽤나 의미심장하게 들린다. 지금 한국의 경제 상황은 정신적인 문제, 공황발작이나 공황장애를 자극하는 상황에 가깝지 않을까? 사회적인 환경이 개인에게 영향을 끼치는 상황을 고려하지 않을 수 없다.

첫 번째 사례의 Y씨의 경우 평소 꼼꼼하고 잔걱정이 많은 성향을 갖고 있지만, 경제 상황이 나빠진 것이 공황발작을 일으킨 중요한 요인이었을 것으로 보인다. 특히 자영업은 사장 개인이 통제할 수 없는 국가, 국제 경기에 의해 매출이 좌우된다. 경기가 안 좋은 상황에서 갑자기 메르스 사태가 터지면서 자신이 통제할 수 없는 사회적 상황들이 더욱더 영향을 미쳐서 발작이 일어났다고 유추할 수 있다. 만약 같은 조건에서 경기가 잘 풀려 매출이 좋거나 경제 상황이 좋았다면 공황발작이 일어날 가능성은 낮았을 것이다.

아마 한국 사회가 겪어온 가장 최근의 큰 사회적인 패닉이라면, 경제적으로나 정신적으로나 커다란 영향을 준 1997년 IMF 경제위기를 꼽을 수 있을 것이다. 한국 사회는 무한경쟁의 신자유주의 질서로 예속되었고, 그 후 10년이 지나 다시 한 번 외환위기를 겪으며 불안이 지속적으로 증폭되는 경험을 했다. 게다가 세월호 사건과 메르스 사태를 통해 국가가 국민을 보호해주지 않는다는 사실을 목도하면서 집단적으로 패닉 상태가 되기도 했다.

당연한 일상이 붕괴되고 믿었던 일들에 이유도 모르게 배신당하는데, 나를 지켜줄 사회적 안전망, 국가적인 안전망도 없고 오직 스스로 자신을 지켜야 한다는 극도의 불안과 공포 속에 살아가고 있다는 말이다. 그런 상황에서 삶에 대한 압박과 스트레스는 점점 더 증가할 테고, 어느 순간 모든 것이 무너질지도 모른다는 두려움이 내적으로 계속 쌓여 있다가 개인적인 스트레스가 겹치면 공황발작 또는 공황장애가 나타날 수도 있다.

이런 사회적인 맥락까지 고려해보면 공황장애를 '연예인병'이라고 부르는 상징적인 의미를 짐작해볼 수도 있을 것 같다. 연예인들은 끊임없이 유명세를 탐한다. 그들에게 인기가 한순간 없어질지도 모른다는 상상은 정말로 커다란 공포로 다가온다. 어느 순간 들어오던 섭외가 뚝 끊겨 잊힌 사람이 될 수도 있고, 자신이 누리고 있는 것들을 더 이상 누리지 못하게 될지도 모른다. 그들의 생활을 유지시켜주는 것이 '인기'인데, 이것은 자신이 통제할 수 있는 것이 아니라, 팬이나 시청자가 결정하는 것이다. 이렇게 '인기'를 자신이 통제할 수 없다는 사실이 그들을 불안과 스트레스와 함께 살아가게 만든다.

연예인들을 만나보면 특히 불안정한 경제적인 조건 때문에 고민

이 많다. 하지만 실제로 그들의 수입이나 경제적 여건을 보면 일반
인에 비해 훨씬 더 좋은 경우가 많다. 오죽하면 '연예인 걱정해주는
것만큼 바보짓도 없다'는 말이 생겼겠는가. 하지만 많은 연예인들이
자신들의 경제적 상황에 비해 과도하게 불안을 느끼고, 지나치게 미
래를 대비한다. 그래서인지 그들은 사기도 잘 당한다.

　연예인들의 삶은 어찌 보면 안정되지 않은 삶의 가장 극적인 예로
비춰진다. 그들의 삶의 조건과 심리 상태를 공황장애의 원인과 연관
지어보는 것은 큰 무리가 없을 것이다.

1. 공황장애 증상을 말하다

공황을
극복하기 위하여

　이제, 공황에 대한 이야기를 마무리하며 증상을 치료하는 방법을 고민해보자. 치료적인 접근으로는 어떤 방법들이 있을까? 정신과에서는 당연히 약물 치료를 가장 흔히 처방한다. 하지만 공황장애에 대한 약물 치료의 효과에 대해서는 의견이 분분하다. 그럼에도 불구하고 공황장애에 대한 약물 치료가 의미 없는 것은 아니다. 실제로 신경계에 작용을 해서 약물이 효과가 있을 수도 있고, 위약 효과라고 부르는 심리적 안정 효과를 기대할 수도 있기 때문이다.

생각의 패턴을 바꾸는 연습

약물 치료 외에 공황장애 치료에 가장 근본적인 접근 방법은 심리적 처치이다. 먼저 인지행동 치료에 대해 알아보자. 인지행동 치료라는 말이 조금 어렵게 들릴지 모르지만 생각의 패턴을 바꾼다고 이해하면 쉽다. 인지란 생각, 신념을 말한다. 몇몇 신체적인 증상을 파국적이고 비극적으로 해석해서 '곧 죽을 거야' 하는 식으로 잘못된 신념을 갖는 것을 교정하는 것이다. 예를 들면, 공황발작 상태에서 자동적으로 하게 되는 '기절하거나 죽을 거야'라는 비합리적 신념을 '공황발작이 오더라도 기절하거나 죽지는 않을 거야. 아직까지 한 번도 기절하거나 죽지 않았잖아? 그러니 괜찮을 거야'라는 합리적 신념으로 바꾸면 된다.

물론 극단적 해석을 낳는 사고 과정이 있고, 그 과정이 형성되는 여러 가지 경험들이 있었을 것이다. 그러므로 그 경험에서 비롯된 사고의 오류를 바로 잡고, 비극적 해석을 낳는 인지 구조를 교정하면 이러한 증상을 이겨낼 수 있다는 것이다.

심리적 처치와 함께 가장 많이 쓰이는 방법으로 호흡 조절이 있다. 공황발작이나 공황장애 증상을 겪는 사람이 가장 많이 호소하는 것이 숨을 못 쉬어서 죽을 것 같다는 것이다. 그런 사람은 호흡 조절의 방법을 습득하면 상당히 도움이 된다. 공황발작이 왔을 때는 극도의 긴장 상태이다. 이때 호흡 조절을 통해 긴장을 이완시킬 수 있다.

호흡 조절법은 아주 단순해서 한 가지만 기억해서 잘 실행하면 된다. 내쉬는 호흡에만 집중한다. 즉, 내쉬는 호흡에만 힘을 주어 본인이 숨소리를 들을 수 있을 정도로 강하고 길게 날숨을 쉰다. 충분히 내쉬면 들이키는 들숨은 자연스럽게 따라오니 날숨에만 집중한다. 이렇게 십여 차례 넘게 계속 날숨에만 집중하면 호흡이 진정되고 심박수가 안정을 되찾으며, 심리적으로 공황 상태에서 벗어날 수 있다.

이 호흡 조절법은 매우 간단한 방법이지만 효과가 탁월하다. 공황장애를 겪고 있는 내담자(상담을 받는 당사자)들에게 이 호흡법을 알려준 다음, 발작이 일어날 것 같을 때 호흡에 집중하도록 연습하라고 권했더니 대부분 도움이 되었다고 했다. 하지만 이 방법은 발작을 진정시키는 효과가 있을 뿐, 근본적인 심리적 치료는 아니기 때문에 치료 방법을 찾아가야 한다.

불안의 무의식적 의미를 찾아가는 길

다음으로 정신분석적 치료 방법에 대해 설명해보려 한다. 이는 보다 근본적인 부분으로 들어가 공황장애 발생과 관련된 정신적 스트레스와 불안의 무의식적 의미를 이해하는 과정을 통해서 치료를 하는 것이다.

앞에서 예로 들었던 사례로 돌아가 여의사 E씨의 경우를 살펴보자. 그녀는 굉장히 의존적인 성향을 가진 사람이었다. 의사라는 직업을 선택한 것도 자신의 뜻에 따른 것이라기보다는, 부모님의 사랑에 의존해온 삶의 방식 그대로 사랑받는 딸이 되기 위한 결정이었다. 그러다가 남자를 만나 결혼을 결심했는데, 이번에는 그 남자에게 완전히 의존하기 시작했다. 그런데 약혼자는 자주 만날 수 없고 직장이 바뀐 데다 집까지 옮기게 되어 새로운 환경에 적응해야 했다. 거기에 결혼을 앞두고 스트레스가 급증한 상황이다. 그녀가 굉장히 힘들고 외로운 상황에서 의존할 대상마저 곁에 없자, 불안이 집약되어 공황발작이 나타났다고 분석할 수 있다. 불안을 일으킬 만한 물리적인 상황이나 직접적인 대상이 없음에도 불구하고 불안이 집적되고 압축되어 어느 순간 증상이 발현되어버린 것이다.

정신분석은 공황이라는 그 증상에 머무르지 않고, 그런 증상을 발현시키는 정신의 구조를 이해하려고 한다. 그리고 증상이 발현된 장소가 가진 특정성을 통해서도 내담자의 과거 경험과의 연관성을 탐색한다. 증상이라는 것은 나무의 나이테 같이 삶의 단면이라고 볼 수도 있다. 정신분석은 그 단면을 통해 정신의 깊은 무의식 안으로 들어간다. 그리고 이를 통해 내담자의 삶 전체를 이해하려는 작업이라고 할 수 있다.

공황발작이나 장애를 겪고 있는 당사자 말고 주변 사람이나 가족들이 치료를 도와줄 방법은 없을까? 당연히 공황장애를 앓고 있는 사람의 증상이나 고통을 가족이 이해하고 같이 치료해나가는 것이 큰 도움이 된다. 공황장애는 만성화될 가능성이 있고 사회적인 활동까지 그만두어야 하는 경우도 종종 발생한다. 계속 그 상황을 방치하면 '내가 이런 상태로 살아서 뭐해'라는 식의 우울감이 찾아오기도 한다. 그래서 증상이 사라진 뒤에도 우울증으로 고생하는 경우도 있다. 따라서 공황장애를 겪고 사람에게는 가족과 함께 심리 교육을 받고, 정서적 지지를 제공하는 가족 체계를 만드는 것이 회복을 위해 매우 중요한 일이다.

지금 느끼는 감정에
이름을 붙일 수 있는가

증상이 심각해서 일상생활이 힘들다면 전문가의 도움을 받아 재활치료를 하는 것이 좋다. 하지만 심각한 공황장애가 아니라 공황발작의 경험을 한두 번 한 정도라면 정신과 치료나 상담을 망설이기 마련이다. 그런 경우라면 한 가지 제안하고 싶은 치료적인 방법이 있다. 바로 하루하루 '감정일기'를 쓰는 것이다. 매일 자신의 감정에

공공상담소 마음의 증상을 말하다

이름을 붙이며 하루 동안 자신에게 일어난 감정을 일기로 써보는 것이다.

공황장애를 경험한 사람을 오랫동안 심리 치료해온 분들이 공통적으로 하는 말 중 하나가, 공황장애를 겪는 사람들은 자신의 감정을 모르는 경우가 많다는 것이다. 자신이 느끼고 있는 감정이 소외감인지, 분노인지, 우울인지, 불안인지, 압박감인지 잘 모르고, 감정에 이름조차 붙일 수 없다는 건 자신의 감정과 접촉하지 못한다는 뜻이다. 그런 사람들에겐 자신의 감정과 접촉해보는 것이 치료의 첫 단계다.

자신의 감정 상태에 민감하게 반응하며 하루에 적어도 서너 번 정도 체크해보자. 먼저 아침에 일어났을 때 어떤 상태인지 생각해본다. 기분이 좀 슬프고 약간 소외감을 느꼈다면 '슬픔과 소외감'이라고 적어둔다. 직장에 출근하여 일을 하다 보면 일이 너무 많아서 약간 가슴이 조이고 압박감이 든다. 그러면 '압박감'이라고 적어둔다. 낮부터 저녁까지는 그래도 일이 좀 적어 약간 자유로움과 해방감을 느꼈다면 '자유로움과 해방감'이라고 적는다. 자기 전에 하루 전체를 돌이켜봤을 때 느껴지는 감정을 적으며 하루를 마무리한다.

이렇게 가능한 한 매일, 3~4주 정도 자신의 감정 상태를 감지하고 그 감정에 이름을 붙여보고 기록하며 어떤 감정이 주기적으로 또는 지속적으로 나타나는지 파악해본다. 그렇게 3~4주 정도 지난 후에 감정일기를 살펴보면 자신의 주된 감정 상태가 어떤 것인지 파악

할 수 있다. 그러면 왜 그때 그런 감정을 느꼈는지 궁금해질 테고, 자신의 어떤 부분을 돌봐야 하는지 알 수 있게 된다. 이 과정을 통해 스트레스에 대한 저항력도 점점 더 강해질 수 있고, 무엇보다 자기 자신을 돌볼 수 있다.

공황발작이나 공황장애, 광장공포증은 모두 외부에 나가 활동하기를 두려워하는 증상이다. 이런 증상은 오래된 스트레스와 급작스러운 스트레스가 만났을 때, 그것을 더 이상 내부적으로 통제할 수 없게 되어 발생하는 심리 정서적인 상태라는 점을 이해하는 것이 필요하다. 그 증상을 방지하고 악화시키지 않고 또 스스로 치유하고 싶다면, 자신의 감정과 접촉하고 그 감정에 이름을 붙이며 왜 이런 감정이 생겼는지를 스스로 찾아내고 이해해보자. 그것이 바로 자신을 돌보는 길로 이어진다는 것을 꼭 기억하기 바란다.

감정일기는 공황장애를 겪지 않는 사람에게도 자신의 감정을 돌보는 데 굉장히 도움이 된다. SNS를 활용하거나 1인 밴드를 만들어 일상의 자신의 감정을 기록하는 방법도 있다.

2

불안장애 증상을
말하다

1974년 만들어진 〈불안은 영혼을 잠식한다〉라는 독일 영화가 있다. 뉴저먼시네마의 기수인 라이너 베르너 파스빈더 감독이 만든 이 영화는, 60대 미망인과 젊은 외국인 노동자의 사랑 이야기 속에 1970년대 독일 사회의 위선적인 모습에 대한 신랄한 비판을 담았다. 영화의 내용이나 의미를 차치하고 '불안은 영혼을 잠식한다'는 제목 그 자체만으로도 불안의 본질을 극명하게 드러내고 있다.

사실, 인간으로 태어난 이상 불안을 겪지 않는다는 것은 불가능한 일이다. 개인이 주관적으로 느끼는 불안이 있는가 하면 객관적으로 불안을 야기하는 상황이나 조건도 있다. 불안을 느끼는 것은 흔한 일이지만 불안 자체가 무엇인지, 불안의 실체가 무엇인지 자각한 경험은 드문 것 같다. 어쩌면 불안이 우리에게 너무나 친숙한 감정 또는 심리 상태라서, 그 안에 여러 감정이 교차하고 그 정도에 따라 서로 다르게 구분할 수 있다는 것을 감지하기 쉽지 않은지도 모른다.

나의 임상경험을 통해 병리적 불안에 대해 정의를 내려본다면, '해야 하는 행위로 인해서 발생하는 불안이 해야 하는 행위 자체의 수행을 심각하게 방해하는 상황'이다. 하지만 정신의학계 또는 심리학계에서 진단하려는 불안은 우리가 이해하는 것보다 훨씬 더 폭이 넓다. 불안을 하나의 병리로 진단을 내리기 위해서는 더 엄격한 판단의 기준이 필요하다.

앞서 이야기 나눈 공황발작이나 공황장애도 사실 불안장애로 분류된다. 애착을 가진 대상과 분리되는 것에 대한 분리불안장애나 어딘가로 떠나는 것에 대해 불안해 하는 것 역시 불안장애에 포함된다. 어린아이에게서 많이 나타나는, 예전에는 '함묵증'이라고 불렀던 '선택적 무언증' 역시 불안장애로 분류된다. 직접적인 유해가 없음에도 불구하고 특정한 대상에 대한 과도한 공포를 가지고 있어서 일상생활이 불편한 특정 공포증 역시 불안장애에 속한다. 광장공포증이나 강박장애도 불안장애 범주에 넣을 수 있다.

이번 장에서는 범불안장애와 사회불안장애 두 가지를 다루려고 한다. 최근 강박장애 못지않게 유병률이 높게 나타나기 때문이다. 범불안과 사회불안은 무엇이 어떻게 다른지 생소하고 복잡하게 느껴질 것이다. 진단 기준에 의한 구분은 그 증상을 겪고 있는 사람들에겐 사실 특별한 의미로 다가오지 않을 테니 말이다. 하지만 앞서 공황장애에서 논의한 것처럼 증상을 심리적인 장애가 아니라 신체적인 장애로 오인해서 신체적인 조건만 계속 변화시키려다 정작 돌보아야 할 정신적인 부분을 놓치고 상황이 더 나빠질 수도 있다. 그러니 증상의 원인에 따른 적절한 대처라는 측면에서 정확한 진단은 언제나 중요하다.

나만 이렇게
불안한 걸까

　DSM-5에 따르면 미국의 경우 12개월 동안 측정한 사회불안장애 유병률이 7퍼센트로 나타났고, 다른 나라는 이보다 낮은 0.5~2퍼센트로 나타났다. 미국에서 성인 백 명을 무작위로 추출해서 사회불안장애 진단 기준에 부합하는지 조사해보았더니 백 명 중에 일곱 명, 즉 7퍼센트가 지난 1년간 그 같은 불안을 경험한 것으로 보고되었다. 범불안장애의 경우 미국의 청소년은 0.9퍼센트, 성인은 2.9퍼센트로 나타났는데, 다른 나라도 0.4~3.6퍼센트 정도로 비슷한 비율을 보였다.

　우리나라는 2011년도 보건복지부에서 조사한 자료에 따르면 사회불안장애 유병률이 0.5퍼센트, 범불안장애의 평생 발병률은 1.9퍼센트로 나타났다. 백 명 중 거의 두 명은 범불안장애를 경험한다는 말이다. 남성이 1.4퍼센트, 여성은 2.4퍼센트로 남성에 비해 여성이 거의 두 배에 이른다. 1년 유병률의 경우 무작위로 백 명에게 물었을 때 한 명 정도는 지난 1년 동안 이러한 증상을 경험했다고 응답했다.

2015년에 발표된 〈범불안장애 환자와 일반인의 걱정 내용 및 심각도 비교〉 논문에서는 범불안장애 진단을 받은 사람과 일반인의 걱정 내용에 어떤 차이가 있는지, 걱정하는 증상의 정도는 얼마나 차이를 보이는지 살펴보았다.

결과는 범불안장애 환자와 일반인의 걱정 내용에는 차이가 없으나 범불안장애 환자의 경우 '과도한 걱정'을 하는 것으로 나타나 걱정의 정도 차이는 있는 것으로 드러났다(김휘곤 외, 2015). 걱정의 내용을 묻는 질문에 대한 대답은 대인관계, 죽음, 친밀한 인간관계, 외모, 재정 및 환경, 직업 및 은퇴, 책임감, 돈, 건강, 장래에 관한 것들이었는데, 일반인이 외모나 대인관계에 대한 걱정을 다른 걱정들보다 많이 하는 것으로 나타났다. 그러나 전반적으로 걱정의 심각도는 환자군에서 높게 나타났다.

범불안장애 증상을 말하다

걱정이 너무 많아 불안한 사람들

40대 후반의 가정주부 B씨는 평소 소화가 잘 안 되고 자주 두통을 느꼈다. 편두통으로 한쪽 머리가 특히 아팠다. 그 때문인지 늘 잠을 설쳐서 어깨도 결리고 허리도 자주 아팠다. 병원에 가서 검사를 받으면 신체적으로 특별한 이상은 발견되지 않아 신경성이라는 진단과 함께 신경안정제 처방을 받았다. 그런데 B씨는 늘 뭔가 막연하게 불길한 일이 일어날 것만 같다는 생각을 하곤 했다. 지하철을 타고 한강을 건널 때면 다리가 무너져 강으로 떨어질 것만 같고, 집에 혼자 있다 보면 강도가 들면 어쩌나 하고 불안했다. 뉴스에서 학교폭력에 관한 이야기를 접하면 아이가 학교폭력의 피해자가 되면 어떻게 하나 하는 걱정이 앞섰다. 해외여행을 앞두고서는 비행기 사고를 대비해 본인의 금융자산목록을 정리해서 큰아들에게 알려주었다. B씨 자신도 과도한 걱정이라는 것을 알지만 마음이 놓이지 않았다. 그러다 보니 점을 자주 보러 다니게 되었고 점쟁이가 시키는 대로 하면 한동안은 안정을 찾기도 했다.

B씨의 사례는 기우(杞憂)라는 고사성어를 떠오르게 한다. 기(杞)나라의 어떤 사람이 하늘이 무너지고 땅이 꺼질까 봐 걱정을 하다가 급기야는 식음을 전폐하고 드러누웠다는 고사에서 유래한 말이다. 이 모습은 범불안장애의 전형적인 증상이라고 할 수 있다. 옛날 중국 사람들도 이런 범불안장애를 겪었고 고사로 전해질 정도이니 불안은 인류의 역사와 함께해온 오래된 심리적 어려움인 것 같다. 티베트에는 이런 속담이 있다고도 한다. '걱정을 해서 걱정이 없어지면 걱정이 없겠네.' 또 다른 사례를 하나 들어보겠다.

20대 후반의 남성 J씨는 취업준비생으로 두 달 앞으로 다가온 취직 시험을 앞두고 걱정이 많다. 서른이 다 되도록 변변한 직장이 없고 더 나이 들기 전에 결혼이나 할 수 있을까 하는 걱정은 기본이고, 공부하다가도 비가 많이 오면 시골에 계신 부모님이 수해를 입으면 어떡하나, 취직 시험을 보러 가다가 차가 너무 막혀서 늦으면 어떡

하나 걱정이 앞섰다. 친구들에게 이런 이야기를 하면 남자가 무슨 쓸데없는 걱정이 그렇게 많으냐며 구박을 하곤 했다. 사실 J씨는 원래 이런저런 걱정이 많은 편인데 취직을 앞두고 더욱 심해졌다. 학창 시절에는 심지어 학교를 가다가 깡패를 만나면 어떡하나 싶어 학교를 안 간 일도 있다. 부모님은 남자답지 못하다고 야단도 치셨지만 정작 본인은 걱정하는 일들이 꼭 일어날 것 같아 마음을 놓을 수 없었다.

J씨 역시 전형적인 범불안장애 증상을 보이고 있다. 범불안장애라고 진단할 만한 걱정의 수준은 주변의 설득이나 조언으로도 누그러지지 않을 정도로 본인에게는 절박한 것이다. 그렇다면 어떤 증상을 불안장애로 볼 수 있는지 진단 기준을 알아보자.

어떤 모습을 보일 때 범불안장애로 진단내릴까

범불안장애의 진단 기준

A. (직장이나 학업과 같은) 수많은 일상 활동에 있어서 지나치게 불안해하거나 걱정(우려하는 예측)을 하고, 그 기간이 최소한 6개월 이상으로 그렇지 않은 날보다 그런 날이 더 많아야 한다.

B. 이런 걱정을 조절하기 어렵다고 느낀다.

C. 불안과 걱정은 다음의 여섯 가지 증상 중에서 적어도 세 가지 이상의 증상과 관련

이 있다(지난 6개월 동안 적어도 몇 가지 증상이 있는 날이 없는 날보다 더 많다).

〔주의점: 아동에서는 한 가지 증상만 만족해도 된다.〕

1. 안절부절못하거나 낭떠러지 끝에 서 있는 느낌

2. 쉽게 피로해짐

3. 집중하기 힘들거나 머릿속이 하얗게 되는 것

4. 과민성

5. 근육의 긴장

6. 수면교란(잠들기 어렵거나 유지가 어렵거나 밤새 뒤척이면서 불만족스러운 수면 상태)

D. 불안이나 걱정, 혹은 신체 증상이 사회적, 직업적 또는 다른 중요한 기능 영역에서

임상적으로 현저한 고통이나 손상을 초래한다.

Reprinted with permission from the Diagnostic and Statistical manual of Mental Disorders,
Fifth Edition, (Copyright 2013). American Psychiatric Association.
한국어판: DSM-5 정신질환의 진단 및 통계 편람(제5판), (주)학지사, 2015

진단 C의 4항 과민성은 영어로 'irritability'로 '화를 잘 내는 것'으로 번역되기도 하지만 그보다는 '신경질적이거나 짜증을 내는 까칠한 상태'를 말한다. 즉, 자극에 굉장히 민감하게 반응하는 상태이다.

이러한 진단 기준이 장애의 판단 기준이라 해도, 자신이 주관적으로 느끼기에 일상에 크게 손상을 느끼지 못한다면 범불안장애로 진

단내리지는 않는다. DSM-5의 진단 기준을 보면 '과도한'이라는 표현이 나온다. 그런데 사실 '과도한'은 기준이 무엇인지, 그것을 어떻게 규정하는지에 따라 논란이 될 수 있는 표현이다. 논란을 정리하기 위해 이런 설명을 해볼 수 있겠다. '과도한 불안' 이라고 했을 때 그것을 규정할 수 있는 것은 결국 본인이다.

과도하다고 의심될 정도의 기준이라면 불안으로 인해 일상에 피해를 주는가, 하는 점이다. 불안해서 해야 할 일을 제대로 하지 못하고, 일상의 흐트러짐이 누적되면서 인간관계가 정상적으로 되지 않는다든지, 직장생활에 문제가 발생한다든지, 공부를 해야 하는데 못하고 계속 딴짓을 하다가 성적이 나빠지거나 원하는 자격증을 얻지 못할 수도 있다. 마침내 불안 때문에 삶이 제대로 작동하지 않고, 계속된 피해가 발생한다면 이는 삶의 장애라고 할 수 있겠다.

범불안장애는 왜 나타나는 걸까

범불안장애를 가진 사람들은 주변 생활환경 속에 존재하는 잠재적인 위험에 굉장히 예민하게 반응하는 것으로 알려져 있다. 잠재적인 위험이 실제적인 위험으로 발생할 확률을 과도하게 높게 본다. 뉴스에서 어느 아파트에서 화재가 났다는 소식을 접하면 우리 아파트에도 화재가 날 수도 있다고 과도하게 불안해한다.

또한 불안장애를 가진 사람은 위험한 사건이 실제로 발생했을 때 나타날 수 있는 결과를 가장 최악의 것으로 예상하는 경향이 있다. 교통사고가 날 확률이 그렇게 높지 않고, 설령 사고가 나더라도 일반적으로 접촉사고가 대부분인데 그보다는 정면충돌과 같은 최악의 경우를 상상한다. 나아가 그런 위험한 사건이 발생했을 때 자신은 할 수 있는 일이 아무것도 없다며 스스로 과소평가하는 인지적 특징을 가지고 있다.

인지적 관점에서는 범불안장애가 다양한 인지왜곡의 결과로 나타나는 것으로 이해한다. 범불안장애를 가진 사람은 주변이 가진 잠재적 위험에 예민하고 잠재적 위험이 현실화될 위험이라고 생각하는데, 이런 것이 결국 '인지왜곡'이라는 말이다.

정신분석적인 입장에서는 불안의 원인을 알기 위해 불안의 현상을 먼저 살펴본다. 보통 이런 범불안장애에서는 다양한 불안이 나타나는데, 불안의 원인과 요인이 주로 어린 시절에서 비롯되었을 것이라고 본다. 불안을 계속 자극하는 요인이 어린 시절부터 있었을 것이라는 의미이다. 예를 들면 이런 경우이다.

H씨는 불안을 떠올리면 친정어머니가 생각난다. H씨의 외할아버지는 6.25전쟁 때 돌아가셨는데, 그때 외할머니는 어머니를 배 속

에 가지고 계셨다. 외할아버지가 돌아가신 후 외할머니는 혼자서 자식 넷을 키우셔야 했고, 막내딸이었던 어머니는 그런 상황에서 충분한 돌봄을 받지 못했던 것 같다. 어머니의 불안 증상을 떠올리면 H씨는 집 앞의 강이 생각난다. 집에서 걸어서 10분 거리에 강이 있었다. 보통 강가에 사는 아이들은 거의 수영을 꽤 자주 하는데, 어머니는 강에 가면 죽는다고 하며 H씨를 절대 강에 못 가게 하셨다. H는 지금도 사회적으로 큰일을 앞두거나 심적으로 부담이 되는 일이 있을 때는 강물이 등장하는 꿈을 꾸곤 한다.

이런 경우 본인도 잘 기억하지 못하는 어떤 특정한 경험 때문에 어머니의 불안을 더 많이 내재화한 것일 수도 있다. 어떤 환경과 조건 때문에 불안을 학습하는 사례도 있고, 경우에 따라서는 어릴 때 발생한 어떤 특정한 사건이 삶에 영향을 끼쳤거나 충격을 주어 성장하면서 그 불안을 계속 확장해나갔을 수도 있다.

지금 살펴본 사례는 통제 불능 감각, 예측할 수 없음이 불안 증상을 나타내는 핵심이라고 볼 수 있는데, 이는 부모와 굉장히 많은 관련이 있다. 불안과 통제력은 불가분의 관계에 있다. 만약 우리가 삶을 통제할 수 있다면 불안은 현저히 줄어들 것이다. 내가 도저히 통제할 수 없는 상황이 계속 발생한다면, 또는 분명 통제할 수 없을 것이라 전망되는 상황이 계속되면 불안은 증폭된다. 특히 사회적 안전

장치가 제대로 작동하지 않거나 자신을 지켜줄 것이라 믿었던 대상이 이를 배신한 경우, 그 대상이 부모이건 국가이건 불안이 증폭되는 것은 당연한 일이다.

세월호 참사나 메르스 사태에서 국민들은 비극적인 상태로까지 발전하지 않을 정도로 상황이 통제 가능할 것이라 기대했다. 하지만 국가 시스템의 무능력과 지리멸렬한 모습을 보면서 그 기대가 완전히 무너져버렸다. 압도적이고 거대한 참사 앞에서 그만큼의 힘을 가진 조직체, 즉 국가가 나서서 원인을 밝히고 신속하게 국민들을 보호해야 하는데 그러지 못했다. 이런 경험은 국민들의 불안을 고조시키고, 그 불안을 통제하기 위해 더 힘 있는 권력이나 자신을 지켜줄 무언가를 절박하게 찾게 만든다. 하지만 그런 행위가 오히려 불안을 더 증폭시키기도 한다.

이런 상황에서 우리가 고민해야 하는 것은 불안의 '적절성'이다. 즉, 자신이 나약하고 연약하다고 생각하는 것은 과도한 불안의 원인이 될 수 있다. 그렇다면 결국 불안으로부터 벗어날 수 있는 것은 자신을 어떻게 강화할 것인가, 어떻게 삶에 대한 통제력을 회복할 것인가의 문제로 귀결된다. 불안의 요소들을 없애는 것도 중요하지만 또 다른 중요한 축으로서 삶의 통제력을 회복하는 문제를 직시해야 한다는 것이다. 이 부분에 대해서는 사회불안장애에 대해 이야기한 후 더 자세하게 논의하기로 하자.

사회불안장애 증상을
말하다

사회불안장애는 사회공포증이라고도 불린다. 여기에서는 가능한 한 사회불안장애라고 지칭하며 사회공포증이라고 표기하는 것이 맥락상 더 적절할 경우에만 그렇게 하려고 한다.

사회불안장애는 간략하게 다음과 같이 설명할 수 있다. '많은 사람들은 타인에게 좋은 인상으로 보이기를 원하고, 자신에게 그만큼의 능력이 더 있었으면 좋겠다고 생각한다. 그러나 자신이 남에게 보이고 싶은 바람직한 인상과 자신의 실제 가진 능력이 다를 수 있는데, 이러한 불균형에서 기인한 불안 증상이 사회불안장애와 연결된다.' 즉, 사회불안장애는 바람직한 인상을 주려는 욕구와 자신의 능력에 대한 불안정감의 함수관계라 할 수 있다. 만약 다른 사람들에게 사회적 인정을 받고 싶다는 욕구가 큰 데 비해 자신에 대한 신뢰가 낮다면 사회불안장애가 나타날 가능성이 크다. 하지만 같은 조건에서 다른 사람들의 인정이나 수용에 관심이 없다면 사회불안장애의 가능성은 높지 않다.

그렇다면 결국 바람직한 인상을 타인에게 보여주려는 욕구를 줄이거나 자신에 대해 스스로 자신감을 갖는 것이 사회 활동에서의 공포감을 줄이는 방법이 된다.

사회불안장애를 겪는 사람들의 모습

L씨는 20대 초반의 남자 대학생이다. 다른 것에는 그리 겁이 많지 않은데 사람을 유독 무서워한다. 심지어 도서관에 가서 책을 빌리는 것도 두려워하고 슈퍼를 가는 것도 긴장되고 무섭다. 사람을 만나는 것 자체를 두려워하고, 일단 사람들 앞에 서면 얼굴이 붉어지고 목소리가 떨리고 가슴이 뛰고 불안해서 고개를 들지 못하는데, 그걸 또 들킬까 봐 불안해진다. 불안에 떨고 있으면서, 떨고 있는 그 모습을 들킬까 봐 더 불안한 것이다. 불안해서 공부에 집중하지 못하고, 교수가 수업시간에 자신을 지목할까 봐 또 굉장히 불안하다. 미팅이나 소개팅은 아예 할 수가 없고 친구 관계도 맺기 어렵

다. 그렇게 불안해할 필요가 없다는 걸 알지만 정작 상황에 부딪치면 언제나 불안에 휩싸이는 자신이 너무 싫다. 자신의 불안이 옳지 않은 것임을 인지하고 있지만 그 상황에 맞닥뜨리면 불안에 휩싸여서 극복하지 못하겠다. 이런 자신이 너무 마음에 안 들고, 머리로는 아는 걸 몸으로 실천하지 못하니 더 한심스레 여겨지기도 한다.

사회불안장애를 겪고 있는 사람들은 주목받고 평가받는 상황에 노출되는 것을 극도로 두려워하거나 불안해한다. 사례의 L씨처럼 사람들에게 자신이 어떻게 보일지를 과도하게 걱정한 나머지 아예 사람을 무서워하게 되기도 한다. 사람들과 접촉하게 되는 많은 상황들, 가령 물건을 사거나 도서관에 가서 책을 빌리는 것도 두려워 과도하게 긴장하게 되는 것이다.

또 다른 사례를 보자.

30대 초반의 미혼 직장 여성 S씨는 팀장 승진 후, 첫 회의에서 이상한 경험을 했다. 준비한 PPT 자료로 발표를 하려고 자리에서 일어났는데, 갑자기 심장이 빨리 뛰기 시작하더니 얼굴이 붉어지고 손발이 떨려 말을 제대로 할 수가 없었다. 상사 한 분이 "오늘은 S팀장이 많이 긴장했나 보네"라고 웃으며 이야기를 해주어 간신히 상황을 넘겼다. 그러나 그날 이후 S씨는 회의를 주재할 때마다 떨리고 긴장되어 손이 땀으로 축축해지곤 했다. 회의 내용도 잘 떠올릴 수 없었고 말까지 더듬었다. 그런 자신의 모습을 보면서, 다른 사람들이 "능력도 없으면서 승진한 사람"이라고 수군거릴 것만 같았다. 회의실의 모든 사람들이 자신을 싫어하고 무시하는 것처럼 보여서 눈을 마주칠 수가 없었다. 다른 사람들은 다 잘하는데, 자신은 왜 이렇게 바보 같은지 스스로 너무 한심하고 비참했다. 얼마 전부터는 사람들과 밥을 먹을 때도 손이 떨려서 식사 모임도 기피하게 됐다. S씨는 대인관계도 위축되고 회사 생활에 어려움을 겪으면서, 차라리 승진하지 않았더라면 좋았을 것이라고 생각하고 있다.

미국과 유럽의 연구에 따르면 사회불안장애는 대부분 아동기에서부터 점진적으로 발전한다고 한다. 사회불안장애로 진단받은 환자의 75퍼센트가 8~15세 사이에 발병했다는 결과가 있다. 그러나 사례의 S씨처럼 성인기에 처음 발병하기도 한다. '팀장 승진'이라는 새로운 사회적 역할이 요구되는 상황에서 스트레스와 수치심을 경험하면서 사회불안장애가 생긴 것이다. 그러면 사례를 참고해서 사회불안장애의 진단 기준을 알아보도록 하자.

무엇을 얼마나 불안해할 때
사회불안장애로 진단할까

앞에서도 이야기했던 '과도한' 불안과 정상적 범주의 불안을 구분하기 위해 진단 기준을 살펴보는 것이 도움이 될 것이다.

사회불안장애의 진단 기준

A. 타인에게 면밀하게 관찰될 수 있는 하나 이상의 사회적 상황에 노출되는 것을 극도로 두려워하거나 불안해한다. 그러한 상황의 예로는 사회적 관계(예: 대화를 하거나 낯선 사람을 만나는 것), 관찰되는 것(예: 음식을 먹거나 마시는 자리), 다른 사람들 앞에서 수행을 하는 것(예: 연설)을 들 수 있다.

   〔주의점: 아이들에서는 성인과의 관계가 아니라 아이들 집단 내에서 불안해할 때만 진단해야 한다.〕

B. 다른 사람들에게 부정적으로 평가되는 방향(수치스럽거나 당황한 것으로 보임, 다른 사람을 거부하거나 공격하는 것으로 보임)으로 행동을 하거나 불안 증상을 보일까 봐 두려워한다.

C. 이러한 사회적 상황이 거의 항상 공포나 불안을 일으킨다.

D. 이러한 사회적 상황을 회피하거나 극심한 공포와 불안 속에서 견딘다.

   〔주의점: 아동의 경우 공포와 불안은 울음, 분노발작, 얼어붙음, 매달리기, 움츠러듦 혹은 사회적 상황에서 말을 하지 못하는 것으로 표현될 수 있다.〕

공공상담소 마음의 증상을 말하다

E. 이러한 공포와 불안은 사회적 상황이나 사회 문화적 맥락에서 볼 때 실제 위험에 비해 비정상적으로 극심하다.

F. 공포, 불안, 회피는 전형적으로 6개월 이상 지속되어야 한다.

G. 공포, 불안, 회피는 사회적, 직업적, 또는 다른 중요한 기능 영역에서 임상적으로 현저한 고통이나 손상을 초래한다.

H. 공포, 불안, 회피가 물질(예: 남용 약물, 치료 약물 등)의 생리적 효과나 다른 의학적 상태로 인한 것이 아니다.

I. 공포, 불안, 회피는 공황장애, 신체이형장애, 자폐스펙트럼장애와 같은 다른 정신 질환으로 더 잘 설명되지 않는다.

J. 만약 다른 의학적 상태(예: 파킨슨병이나 비만, 화상이나 손상에 의한 신체 훼손)가 있다면, 공포, 불안, 회피는 이와 상관없거나 혹은 지나치다.

Reprinted with permission from the Diagnostic and Statistical manual of Mental Disorders, Fifth Edition, (Copyright 2013). American Psychiatric Association.
한국어판: DSM-5 정신질환의 진단 및 통계 편람(제5판), (주)학지사, 2015

왜 사회불안장애와 같은 어려움을 겪는 걸까

정신분석적 접근에서 사회불안장애는 무의식적 갈등이 사회적 상황에 투사된다고 설명할 수 있다. 나에게 누군가를 공격하고 싶거나 어떤 수용할 수 없는 충동이 있는데, 이런 욕구를 역으로 '남들이 나를 그렇게 볼 것이다', '나를 공격할 것이다'라고 지각하기 때문에 타인 앞에 나서기가 두려워진다는 것이다.

대상관계 이론에서는 어린 시절 어머니와의 상호작용으로 이를 설명한다. 어머니와의 경험을 통해 어머니는(또는 다른 사람들은) 나한테 호의적이다, 아니면 어머니는(또는 다른 사람들은) 나한테 혹독하게 대한다 등의 개념들을 획득하고 그 경험을 내재화한다. 그런데 그 시기에 나는 능력이 없는 사람이고 사람들은 나한테 혹독하고 비판적이라는 경험을 하게 되면 성인이 되어 사회불안 증상을 나타낼 수 있다는 것이다.

상담 현장에서 만난 사회불안장애를 겪는 사람들의 공통점은 수치심과 죄책감이 일반인보다 높게 나타난다는 것이다. 앞서 불안을 야기하거나 확장시키는 것이 부모의 영향이라고 지적했는데 사실 사회불안이나 사회공포증은 어린 시절 부모나 친구, 주변 사람들로부터 들었던 부정적인 평가나 비난과 깊은 관련이 있다. "너 밖에 나가서 그렇게 행동하면 부모 욕먹이는 거야!", "네가 그렇게 행동하면 다른 사람이 널 어떻게 생각하겠니?" 같은 훈육을 가장한 통제와 질시의 말들이 은밀하고 깊게 영향을 미친다.

공공상담소 마음의 증상을 말하다

불안을 통제함으로써
극복해보기

　지금까지 설명한 내용을 다시 한 번 살펴보면, 범불안장애와 사회불안장애의 한 가지 차이점을 발견할 수 있을 것이다. 범불안장애는 세상을 불안하다고 인지하고, 그래서 그것을 통제할 수 없다고 오인하는 것이다. 반면 사회불안장애는 자기 자신을 불안해한다. 예를 들어 범불안장애는 차가 막히면 어떻게 하나, 다리가 무너지면 어떻게 하나, 비가 안 와서 농사가 안 되면 어떻게 하나, 비행기가 추락하면 어떻게 하나…… 이렇게 자신의 행위가 아니라 행위 과정에서 조건들이 부정적으로 진행되는 것에 대한 불안이다. 하지만 사회불안장애의 특징은 내가 불안하고, 내가 약하고, 내가 더럽고, 내가 어리석고, 내가 좋아할 만한 사람이 아니라는 것이다. 그리고 이 사실을 사람들이 알면 어떻게 하나 하고 또 불안해한다.

이 차이를 인식하면 치료를 위한 접근법이 더욱 명확하게 드러나지 않을까 싶다. 치료를 위한 여러 가지 방법이 있긴 하지만, 심리적 어려움을 극복하는 데 가장 필요한 것은 자신이 무엇을 불안해하는지 불안의 실체를 정확하게 인지하는 일이다.

불안을 완전히 장악하거나 없애는 것은 불가능하다. 범불안장애든 사회불안장애든 수행불안이 되었든 우리가 경험하는 그 어떤 불안이든……. 사실, 불안이 완전히 없어지면 우리는 정상적으로 닥칠 수 있는 위험도 예방할 수 없기 때문에 더 위험한 상황에 놓이고, 심하면 목숨을 잃을 수도 있다. 적절한 불안 수준을 유지하는 것이 생존을 유지하는 데 도움이 된다는 말이다. 그러니 우리의 불안이 장애 수준으로 과도하게 발달하지 않도록 잘 통제하는 것이, 없애는 것보다 더 실질적인 목표가 되어야 한다.

불안의 경계를 설정하는 것은 물론 쉽지 않은 문제다. 그러니 일단 가능한 목표를 정해보면 어떨까 싶다. '불안의 강도나 빈도나 수준을 일상생활에 지장 받지 않을 정도로 회복하기.' 이것을 일단 하나의 목표로 설정했으면 좋겠다. 지난 6개월 간 50퍼센트 정도의 날, 즉 180일 중에서 90일 이상 불안 상태가 지속되었다면, 불안의 빈도를 90일에서 80일, 70일로 조금씩 줄여보는 것이다. 불안의 강도가 10 중에서 9정도였다면 그 수준을 8, 7, 6으로 점진적으로 낮추려 노력해보자. 불안을 완전히 없애는 것이 아니라 강도나 빈도를 낮추는 것을 목표로 하는 것이다.

이를 위해 일단 일상 활동의 기능을 강화해야 한다. 많이 걷는다거나 주변을 청소한다든지 하는 식으로 일상 활동들의 기능을 한 번 더 하고, 조금 더 함으로써 불안을 낮춰본다. 사람을 만날 때 전화 통화를 먼저 하다가 대면하는 만남의 시간을 가진다든지, 아주 친하고 편한 사람과 만나는 시간을 점점 늘리다가 조금 덜 편한 사람과 함께 만나는 방식으로 확장해나 수 있다. 영화관에 혼자 가는 것이 조금 덜 불편하다면 처음에는 혼자 가다가 그것이 익숙해지면 편한 사람과 같이 영화를 보는 방법도 실행해보자.

이런 일상 활동의 기능을 강화하는 것이 불안을 줄이는 데 효과가 있다. 물론 불안에 시달리는 사람은 이런 실행조차 어렵다고 호소한다. 하지만 어떠한 장애도 자신의 의지 없이는 극복할 수 없다. 어렵다고만 말하고 이겨내려 하지 않는다면 백 권의 처방전을 읽어도 실효성은 없을 것이다.

불안하다고 말하지만 다 같은 불안이 아니라는 것은 이미 설명한 바 있다. 앞서 말한 것처럼 범불안장애의 경우 상황이나 외부적인 조건을 불안하게 느끼는 것이고, 사회불안장애의 경우 자신을 불안하게 느끼는 차이가 있다. 불안을 좀 더 세부적으로 들여다보면 조금 더 나에게 강하게 느껴지는 불안이 있다. 예를 들어 나는 어떤 상

69

2. 불안장애 증상을 말하다

황에서 어떻게 불안한지, 또한 그 정도는 어떠한지 구별해보는 것도 도움이 된다.

불안하거나 어떤 공포에 직면했을 때 3F라는 반응이 나타난다고들 한다. 얼거나(freeze), 도망가거나(flight) 싸우는(fight) 것이다. 곰이 나타났을 때 사람들은 이 세 가지 반응 중 한 가지 반응을 보이게 될 것이다. 공포스러운 상황에 직면했을 때 얼거나 도망가지 않고 싸울 수 있기를 바란다면 자기 내면의 힘을 강화시켜야 할 것이다. 인생에서 여러 다양한 불안을 만나게 될 텐데 그런 불안에 압도되지 않고 스스로 지킬 수 있어야 한다.

불안을 많이 느끼는 사람이라고 해서 자기 안에 자원이 없는 것은 아니다. 우울한 사람이라고 해서 전혀 웃지 못하는 것이 아닌 것처럼, 불안한 사람이라도 자기 안에 강인함이 숨어 있다. 이런 질문을 한번 던져보는 것은 어떨까.

정말 한 번도 불안을 극복해본 경험이 없는가?

무엇이 이유인지 모르지만 어떤 상황에서 불안을 극복했던 경험이 있지 않은가?

그 상황에서 불안을 극복하는 데 도움이 됐던 요인은 무엇인가?

외부적인 요인이든, 내부적인 요인이든 또는 불안한 상황뿐만 아니라, 지금까지 어려움을 겪어오면서 그 어려움을 극복하게 했던 내 안의 지혜나 힘, 강점은 무엇이며 내 안의 자원은 무엇인가?

이런 질문에 대해 한번 생각해보고 만약 답을 찾았다면 그것을 어떻게 불안을 극복하는 자원으로 활용할 수 있을까 궁리해볼 필요가 있다.

2. 불안장애 증상을 말하다

불안의 원인을 자각함으로써
극복해보기

　지금까지 불안을 통제하기 위해 자기 내면의 강점을 증가시키는 방법에 대해 이야기했는데, 무엇보다 먼저 자기 안의 불안을 자각하는 것이 중요하다는 점을 다시 강조하고 싶다. 어쩌면 그것이야말로 이 모든 이야기의 출발점이 될지도 모른다. 과거에 겪었던 어떤 정서적 심리적 상처가 불안의 원인이 되는지 생각해보자.

　범불안장애의 경우는 세상이 불안한 것이라고 인지하는 것이고, 사회불안장애는 자기가 능력이 없고 자기의 조건 때문에 세상을 불안하게 인지한다고 했다. 범불안장애와 유사한 경험을 가진 사람들은 세상이 불안하다고 끊임없이 인지시켰던 사람이 누군지 한번 돌이켜보자. 세상이 불안한 곳이라고 인지할 수밖에 없게 만든 초기

공공상담소 마음의 증상을 말하다

의 경험에는 어떤 것들이 있는가? 그리고 사회불안장애를 겪고 있는 사람이라면 자신이 능력이 없고 더럽고 무가치하다는 메시지 또는 인식을 내재화할 수밖에 없었던 경험이나 그런 메시지를 누가 주었는지, 그런 일이 얼마나 지속되었는지, 결정적인 사건이 있었는지 되짚어보자.

과거의 경험을 떠올리는 것도 중요하지만 그런 경험을 했을 당시의 자신이 어떤 느낌 속에 빠져들었는지 느껴보는 것이 궁극적으로는 더 중요하다. 예를 들어 엄마가 나에게 너는 더럽고 공부도 못하고 무가치하다고 이야기했다면 그 말을 들었을 때 자신은 어떤 상태가 되었는지, 당시 느꼈던 감정은 무엇이었는지, 그때의 느낌과 접촉해본다. 그렇게 그 느낌과 감정을 먼저 정확하게 알아야 한다. 그 다음에는 다시 접촉된 그 느낌과 감정을 글로 적어본다. 가능한 한 상세하게 지금 느끼는 감정과 생각을 자기 방식대로 표현해보는 것이 그 어떤 것보다 치료에 큰 도움이 된다.

물론 그런 경험을 '파헤치면' 오히려 더 불안해지지 않을까 염려할 수 있지만, 사실은 그렇지 않다. 강이 오염되면 해독제를 뿌린다고 해서 완전히 깨끗해지지는 않는다. 강의 수원지, 원천이 오염되어 더러운 물이 흐른다면 정화제를 뿌리기보다 수원지에 있는 더러운 물질을 제거해야 한다. 자기감정을 접촉하고 글로 표현하는 방법이 바로 수원지, 원천지에서부터 함께 흘러나오는 오염물질을 씻어

내는 치료 방법에 해당된다.

각자가 자기 불안을 극복할 수 있는 방법을 찾지 않으면 계속 불안 속에 머물러 있게 된다. 불안 속에 머물지 않고 불안으로부터 걸어 나올 수 있는, 불안보다 강한 힘을 찾아보도록 하자.

3

강박장애와
강박성 성격장애 증상을
말하다

영화 〈이보다 더 좋을 순 없다〉(1997)의 주인공 멜빈(잭 니콜슨 분)은 로맨스 소설 작가다. 그는 뒤틀리고 꼬인 성격으로 다른 사람들을 경멸하거나 면박 주기 일쑤이며, 상대방에게 상처를 가하는 말도 대수롭지 않게 하곤 한다. 그의 마음에는 공격성과 짜증, 분노만 존재하는 것처럼 보인다. 길을 걸을 때에는 보도블록의 틈을 절대 밟지 않는 대단히 완고한 모습을 보이고, 다른 사람과 스치지 않기 위해 최대한 노력하며 뒤뚱뒤뚱 걷는다. 식당에 가면 언제나 똑같은 테이블에 앉고, 준비해온 플라스틱 나이프와 포크로 식사를 한다. 그런 그가 단골로 가는 식당에서 종업원으로 일하는 캐롤에게 호감을 느끼게 된다. 하지만 그의 성격 때문에 데이트는 순탄치 않다. 그녀와 함께 간 식당에서 고급 식당에 걸맞지 않게 대충 옷을 입은 그에게 웨이터가 정장을 빌려주겠다고 하자, "어떻게 남이 입은 옷을 입느냐"며 화를 낸다.

영화 속 주인공 멜빈은 강박장애와 강박성 성격장애를 다 가지고 있는 듯이 보인다. 강박장애를 가진 사람들은 자신의 강박행동을 불편해 하지만, 멜빈은 자신의 행동이 그다지 불편해 보이지 않기 때문이다(강박장애와 강박성 성격장애의 차이는 뒤에서 설명하겠다). 다만 사랑에 빠지면서 자신의 행동을 고쳐보려고 한다. 여자친구에게 "당신은 내가 더 좋은 남자가 되고 싶게 해요(You make me want to be a better man)"라고 사랑 고백을 하면서.

　최근 우리나라 젊은이들에게 가장 많이 나타나는 병리적인 증상이 강박장애로 보고되었다. 국민건강보험공단이 발표한 2010~2014년 건강보험 진료비 지급자료 분석에 따르면, 강박장애 질환을 겪는 건강보험 진료 환자는 2010년 2만 490명에서 2014년 2만 3,174명으로 연평균 3.1퍼센트씩 증가해 4년 만에 13.1퍼센트가 증가한 것으로 나타났다. 이 중에서 20대 환자 수가 인구 10만 명당 86명꼴로 가장 많았으며, 특히 20대 남성의 경우 10만 명당 106.2명이 강박 증세를 앓고 있는 것으로 집계되어 주목할 만하다. 20대 남성들 중에서 여러 가지 심리장애 중 강박으로 진단받아 치료를 받은 경우가 천 명에 한 명 정도라는 수치다. 하지만 병원에 가서 진단을 받지 않은 사람을 고려한다면 실제 강박 증상을 앓고 있는 사람은 더욱 많으리라 짐작된다.

강박장애 증상을 말하다

무엇인가에 강하게 집착되어 어찌할 수 없는

강박(強迫)이라는 단어는 말 그대로 강한 압박을 의미한다. 심리적으로 무엇인가에 강하게 집착되어 자신도 어찌할 수 없는 상태이다. 프로이트(Freud)는 자신이 견딜 수 없는 것에 대해서 강박적이고 편집적이 된다고 말을 했는데, 이 말은 자신이 견딜 수 없는 어떤 것들이 바로 드러나는 것이 아니라 다른 방식, 즉 강박의 형태로 드러난다는 의미이다.

강박이라는 것이 무언가를 강하게 압박, 억압하는 것이라고 본다면, 결국은 자신에게 억압해야 할 강력한 충동이나 요구가 있다는 뜻이다. 그리고 자신이 억압한 그것을 그대로 드러낼 수 없으니까 억압을 대체하는 다른 방식으로 증상이 나타나는 것이다.

강박장애는 자신은 하고 싶지 않지만 계속해서 어떤 생각을 반복하게 되는 '강박사고(obsession)'와 원하지 않는 행동을 계속 반복하게 되는 '강박행동(compulsion)'이 있다. 강박사고와 강박행동이 따로 나타나기도 하지만 평균적으로 70퍼센트 이상은 함께 나타난다. 어떤 생각을 정말 하고 싶지 않은데 그 생각이 나도 모르게 계속 떠오르면, 그것이 너무 괴로워 그 괴로움을 상쇄시키기 위해서 어떤 행동을 하게 되는 것이다.

미네소타 대학 심리학과 교수 에릭 클링거(Eric Klinger)에 따르면 보통 사람도 깨어 있는 시간 동안 하는 4,000가지 정도의 생각 중에서 약 13퍼센트인 520여 가지는 자신의 의지와 상관없이 자동적으로 떠오르는 것이라고 한다. 인지행동 심리학자인 살코브스키(Salkovski)는 이를 침투적 사고(intrrusive thoughts)라고 불렀는데, 이는 우연히 의식 속에 떠오르는 원치 않는 불쾌한 생각을 의미하며 대부분의 사람들도 흔히 경험하는 것이다. 이러한 침투적 사고는 일종의 내면적 자극으로서 그에 대한 의미를 부여하는 자동적 사고(automatic thoughts)를 유발한다. 즉, 자동적 사고는 침투적 사고에 대한 사고를 말하는데, 거의 자동적으로 일어나며 매우 빨리 지나가게 되기 때문에 잘 의식되지 않아 자동적 사고라고 불린다.

살코브스키는 침투적 사고 자체가 강박행동을 유발하는 것이 아니라, 침투적 사고의 속성을 왜곡하는 자동적 사고가 불안과 강박행동을 유발한다고 주장했다. 조금 어려운 개념이니 예를 들어 설명해 보면, 부적절한 대상과 성관계를 맺는 침투적 사고가 우연히 떠올랐을 때 '이런 비윤리적인 생각을 하는 것은 나의 책임이다. 이런 생각이 절대 떠오르지 않도록 해야 한다'라는 자동적 사고를 하게 된다. 자동적 사고에 의해서 침투적 사고를 억제하거나 제거하려는 노력을 기울이는데, 이러한 노력은 역설적이게도 오히려 침투적 사고가 자꾸 의식에 떠오르게 하는 결과를 초래하며, 강박사고와 강박행동으로 이어지게 만든다.

강박사고와 강박행동의 여러 형태들

매우 다양한 이유로 강박사고가 나타나는데, 먼저 위해나 실수에 대한 책임감을 들 수 있다. 내가 누군가에게 해를 끼치지는 않을까 심하게 걱정하는 것이다. 예를 들어 '혹시 내가 실수로 알약을 바닥에 떨어뜨렸는데 그걸 아기가 기어 다니다 먹으면 어떡하지?'라는 걱정, 운전을 하고 아무 일 없이 집에 왔음에도 '혹시 오다가 누구를 친 것이 아닐까?' 하는 생각을 계속하는 것이다. 이처럼 자신이 부주의해서 다른 사람한테 피해를 입힐까 봐 걱정하는 것뿐만 아니라,

화재나 절도 등 자신이 통제할 수 없는 나쁜 일이 일어날까 봐 끊임없이 두려워하며 그 생각을 멈추지 못하는 것도 해당된다.

두 번째로는 오염에 관한 두려움이다. 예를 들어 오염에 감염되는 것을 걱정하여 공중화장실을 이용하지 못하는 것과 같은 경우이다. 또 다른 예로 어떤 아기 엄마는 자신이 만지면 아이가 세균에 감염되어 죽을 것 같아 만지지도 못하고 보살피지도 못한다. 화장실에서 대소변을 볼 때 변이 속옷에 튀어 균이 묻었을 것이라고 강박적으로 생각하는 사람도 있다. 일반적으로는 이물질이 튀어 속옷에 묻었다면 세탁하면 된다고 생각하지만, 강박사고를 가진 사람은 그 옷을 빨면 균이 다른 세탁물에 번질 수 있으니 비닐봉지에 여러 겹 싸서 버린다. 그런데 혹시 길고양이가 쓰레기봉투를 뒤지다 균이 샐지도 모르고, 고양이가 다른 곳으로 이동하면서 오염시킬지 모른다는 생각에 쓰레기봉투가 제대로 묶여 있는지 확인을 반복한다. 이런 것들이 강박장애 진단을 받은 사람의 전형적인 사고 유형이다.

세 번째로는 순서와 대칭에 관한 것이다. 이것과 저것의 각이 딱 맞아야 되고, 모든 것이 정리 정돈되어 반드시 제자리에 있어야 안심이 된다. 자신이 생각하는 대로 순서와 대칭이 맞지 않을 경우 일을 진행할 수 없을 정도이다.

네 번째로, 폭력과 공격성에 대한 강박사고이다. 내가 사랑하는 사람, 결코 해치고 싶지 않은 사람을 폭행하거나 죽이는 생각 또는 장면이 계속 떠오르고, 그러한 공격적인 충동을 자신이 행동으로 옮길 수도 있다는 생각이 끊임없이 나서 두려워한다. 이런 생각 때문에 주변에 뾰족하게 생긴 물건이나 칼을 강박적으로 치우기도 한다. 수도꼭지를 강박적으로 잠그는 것도 공격성과 관련된 심리적 기제로 볼 수 있다.

그 외에 성이나 종교, 도덕성과 관련된 강박사고 유형도 있다. 특히 자신이 믿는 종교적 교리가 엄격할수록 이를 따르지 못했을 때 느끼는 죄책감 때문에 신을 숭배하는 의례를 강박적으로 지키려고 하는데, 이것이 일상생활을 방해하거나 피해를 줄 경우 강박장애로 발전할 가능성이 있다.

강박사고를 상쇄시키기 위해 여러 가지 행동적 노력으로 강박행동을 하게 되는데, 첫 번째 강박행동은 강박적으로 떠오르는 생각들이 현실이 되지 못하도록 그 상황을 방지하거나 차단하기 위한 '반복적 행동'이 있다. 반복적이고 의례적인 행동 중에서 가장 대표적인 것이 '확인'하는 것인데, 예를 들어 문을 잠갔는지, 가스 밸브를 차단했는지 반복적으로 확인하는 것 등이다. 그리고 옷장에 옷을 자기가 원하는 특정한 방식으로 정리해야 한다거나, 오염에 대한 강박사고로 청소를 반복하는 것도 이에 해당된다. 손을 하루에 60번씩 씻거나 머리를 하루에 열 번씩 감는 등 본인이 정해놓은 행동 규칙을 반복하는 행동도 있다. 예를 들어 집에 들어와 스위치를 켤 때 홀

수는 불길하니 짝수 또는 행운의 숫자 등 자기가 정해놓은 횟수만큼 껐다 켰다 한 다음에, 몇 발짝을 가서 어떻게 옷을 벗고…… 이런 식으로 자기가 정해놓은 규칙을 반복 행동하는 것이다.

두 번째로 '정신적·의례적 행동'이 있다. 실제 눈으로 드러나지 않지만 마음속으로 숫자를 세거나 단어를 되뇌는 것이다. 예를 들어서 7이 행운의 숫자라고 생각하여 마음속으로 7,7,7……을 반복하는 것 등이다.

강박장애를 가진 사람들의 생활 모습

이제 사례를 통해 강박장애를 알아보도록 하자.

E씨는 스무 살 여대생으로 대학 진학 후 서울에서 혼자 생활하고 있다. 그녀는 항상 물티슈, 물비누, 소독용 알코올 솜을 가지고 다닌다. 언제 어디서든 깨끗하게 손과 핸드폰을 닦기 위해서다. 공공장소에서 여러 사람이 함께 사용하는 물건을 만지고 난 후에는 세균에 감염된 것만 같아 손을 씻지 않으면 불안하다. 그래서 공중화장실의 수도꼭지나 문고리, 버스 손잡이 같은 것에 가급적 손을 대지 않으려고 하고, 어쩔 수 없이 만져야 할 때는 항상 휴지로 손을

3. 강박장애와 강박성 성격장애 증상을 말하다

보호하듯이 둘둘 돌려 감싼다. 식당에 밥을 먹으러 가면 수저나 젓가락, 컵의 위생 상태를 꼼꼼히 살피는 것은 기본이고, 식당 정수기의 위생 상태가 의심스러워 항상 편의점에 들러 생수를 사가지고 간다. 귀가 후에는 현관에서 신발과 옷을 모두 벗고 물티슈로 발부터 닦는다. 혹시라도 외부의 세균이 집 안으로 들어올까 봐 걱정되기 때문이다.

E씨는 어렸을 때부터 하루에 샤워를 몇 번씩 하는 등 유난히 깔끔한 생활을 했는데, 대학 진학 후 서울에서 혼자 생활하면서 더 심해졌다. 여러 명이 한방을 사용하는 것이 찝찝해서 과 MT에도 불참했다. E씨는 다른 사람들이 만진 물건에 손만 대도 세균에 감염될 것 같은 불안감 때문에 밖에도 자주 나가지 못하고, 다른 사람들을 만나는 것도 피하다 보니 사회생활이 점점 위축되어갔다.

보통 사람도 오염에 대한 두려움은 가지고 있다. 그런데 오염에 대한 염려 때문에 일상생활을 할 수 없을 정도가 되거나 타인과의 관계에 부정적인 영향을 미쳐 장애가 발생할 때, 이를 강박장애로 진단할 수 있다. 그러나 이러한 사고 자체만으로는 강박장애라고 말하기는 어렵다.

20대 후반의 취업 준비생 L씨. 그는 외출 전 샤워를 두 시간씩 한다. 샤워를 할 때는 반드시 오른손으로 타월 위를 잡고 왼손으로 밑을 잡은 후 왼쪽 등을 아래위로 50번 일정한 간격만큼 밀어야 한다. 그다음 손의 위치를 바꿔서 오른쪽 등을 50번 밀고, 그다음에 왼쪽 겨드랑이를 몇 번, 오른쪽을 몇 번 교대로 닦는다. L씨에게 샤워는 마치 의식을 행하는 것과 유사하다. 뿐만 아니라 샴푸와 린스, 수건과 비누, 치약과 칫솔도 정확한 위치와 각도를 지켜서 정리 정돈해야 한다. 샤워를 마치고 물기를 닦을 때는 첫 번째 수건으로는 머리를 닦고, 두 번째 수건으로는 몸을 닦고, 세 번째 수건으로는 발을 닦는 식으로 순서를 꼭 지킨다. 그런데 몸을 닦던 수건이 발에 조금이라도 닿으면 처음으로 돌아가 샤워부터 다시 시작한다. 그러다 보니 의식이 점점 엄격해지고 순서가 늘어났다. 처음 한 시간 반이었던 샤워 시간이 나중에는 두 시간까지 늘어나 약속 시간을 맞추기 어렵게 되고, 급기야 외출하기 어려운 상태가 되었다.

사람을 만나거나 중요한 일이 있을 때 강박장애를 가진 사람의 의식과도 같은 샤워 행위가 더 길어지기도 한다. 강박은 스트레스가 있는 상황에서 더 심해지는데, 강박적인 행위가 스트레스를 주는 상황과 맞닥뜨리는 것을 미루려고 하는 일종의 지연 행위이기 때문이다.

3. 강박장애와 강박성 성격장애 증상을 말하다

강박장애의 진단 기준을 알아보자

지금까지 강박장애에 대해 살펴보면서 이런 의문과 걱정을 했을지도 모르겠다. '나도 시험 보는 날 아침에는 머리를 감지 않고, 나만의 정리 정돈 규칙과 습관이 있는데, 이것도 강박장애에 해당할까?' 다음 강박장애로 진단 기준을 살펴보면 이런 의문과 걱정의 해답을 찾을 수 있을 것이다.

강박장애의 진단 기준

A. 강박사고나 강박행동 혹은 둘 다 존재하며,

강박사고는 (1) 또는 (2)로 정의된다.

(1) 반복적이고 지속적인 생각, 충동, 또는 심상이 장애 시간의 일부에서는 침투적이고 원치 않는 방식으로 경험되며 대부분 현저한 불안이나 괴로움을 유발함

(2) 이러한 생각, 충동 및 심상을 경험하는 사람은 이를 무시하거나 억압하려고 시도하며, 또는 다른 생각이나 행동을 통해 이를 중화시키려고 노력함(즉, 강박행동을 함으로써)

강박행동은 (1)과 (2)로 정의된다.

(1) 예를 들어, 손 씻기나 정리 정돈하기, 확인하기와 같은 반복적 행동과 기도하기, 숫자 세기, 속으로 단어 반복하기 등과 같은 심리 내적인 행위를 개인이 경험하는 강박사고에 대한 반응으로 수행하게 되거나 엄격한 규칙에 따라 수행함

공공상담소 마음의 증상을 말하다

(2) 행동이나 심리 내적인 행위들은 불안감이나 괴로움을 예방하거나 감소시키고, 또는 두려운 사건이나 상황의 발생을 방지하려는 목적으로 수행됨. 그러나 이러한 행동이나 행위들은 그 행위의 대상과 현실적인 방식으로 연결되지 않거나 명백하게 과도한 것임

〔주의점: 어린 아동의 경우 이런 행동이나 심리 내적인 행위들에 대해 인식하지 못할 수도 있다.〕

B. 강박사고나 강박행동은 시간을 소모하게 만들어(예: 하루 한 시간 이상) 사회적, 직업적 또는 다른 중요한 기능 영역에서 임상적으로 현저한 고통이나 손상을 초래한다.

C. 강박 증상은 물질(예: 남용약물, 치료약물)의 생리적 효과나 다른 의학적 상태로 인한 것이 아니다.

D. 장애가 다른 정신질환으로 더 잘 설명되지 않는다(예: 범불안장애에서의 과도한 걱정, 신체이형장애에서의 외모에 대한 집착, 수집광에서의 소지품 버리기 어려움, 발모광에서의 털 뽑기, 피부뜯기장애에서의 피부 뜯기, 상동증적 운동장애에서의 상동증, 섭식장애에서의 의례적인 섭식행동, 물질관련 및 중독 장애에서의 물질이나 도박에의 집착, 질병불안장애에서의 질병에 대한 과다한 몰두, 변태성욕장애에서의 성적인 충동이나 환상, 파괴적, 충동조절 및 품행장애에서의 충동, 주요 우울장애에서의 죄책감을 되새김, 조현병스펙트럼 및 기타 정신병적 장애에서의 사고 주입 혹은 망상적 몰입, 자폐스펙트럼장애에서의 반복적 행동 패턴).

Reprinted with permission from the Diagnostic and Statistical manual of Mental Disorders, Fifth Edition, (Copyright 2013). American Psychiatric Association.
한국어판: DSM-5 정신질환의 진단 및 통계 편람(제5판), (주)학지사, 2015

3. 강박장애와 강박성 성격장애 증상을 말하다

얼마나 많은 사람이 강박장애를 겪고 있을까

강박장애의 1년 유병률은 1.1~1.8퍼센트로 국가마다 대체로 유사한 것으로 보고되었다(APA, 2013). 우리나라는 최근 보건복지부에서 진행한 역학조사에 따르면, 강박장애의 평생 유병률은 0.7퍼센트(남성 0.5퍼센트, 여성 1.0퍼센트)이며, 1년 유병률은 0.6퍼센트(남성 0.3퍼센트, 여성 0.8퍼센트)로 나타났다. 이 장애는 흔히 청소년기나 초기 성인기에 시작되지만, 소아기에 시작되는 경우도 있다. 청소년기에는 남성에게서 더 흔하지만 성인기에는 여성에게서 약간 더 높은 비율로 나타나는 경향이 있다. 일반적으로 발병 연령은 남성이 여성보다 더 빠르다. 남성은 6~15세 사이에 가장 많이 발병하는 반면, 여성은 19~20세에 주로 발병한다.

대부분의 경우, 강박장애는 서서히 발생하며 만성적인 경과를 보인다. 스트레스를 받으면 증세가 심해지고 그렇지 않으면 호전되는 경향을 보이는데, 약 15퍼센트의 경우는 점점 더 악화되어 직업 및 사회적 적응에 심각한 어려움을 겪기도 한다.

강박성 성격장애
증상을 말하다

강박성 성격장애를 가진 사람들의 생활 모습

30대 중반의 고시 출신 공무원 B씨는 10여 명의 부하직원을 두고 있다. 그는 항상 깐깐하고 완벽하게 일 처리를 하는 것으로 유명하다. 그의 수첩에는 매일, 한 달, 1년, 10년의 스케줄표가 빼곡하게 적혀 있고, 철저히 스케줄표에 따라 일 처리를 했다. 그는 직원들에게도 자신이 세운 계획과 방법대로 따라올 것을 강요했고, 그러지 않으면 강하게 비난했다. 상사가 일방적으로 업무 지시를 바꾸기라도 하면 심하게 당황하고 긴장하여 어찌할 바를 몰라 했다. 일의 마감 시간을 어기면 자신보다 나이가 많은 부하직원에게도 "능력도 없이 나랏돈을 축내는 쓸모없는 인간"이라며 몰아세우기도 했다. 그의 이런 모습 때문에 업무 성과는 그리 나쁘지 않았지만 조직 내 대인관계는 엉망이었다. 동료나 부하직원들은 감정적으로 전혀 소통이 되지 않고, 업무에서도 융통성을 발휘하지 못하는 B씨를 싫어하며 멀리했다.

B씨는 맞선으로 만난 아내와의 결혼 생활에서도 갈등을 겪고 있다. 신혼 때부터 자신이 집안의 모든 돈 관리를 하면서, 아내에게는 일주일 단위로 생활비를 조금씩 주었다. 그마저도 아내가 낭비벽이 심하다며 잔소리를 해댔다. 활달하고 사교적인 성격인 아내는 B씨가 퇴근 후 집에 오면 함께 이야기하며 시간을 보내기 원했지만, 그는 식사가 끝나면 서재로 들어가 밀린 업무를 처리하느라 바빴다. 심지어 휴가를 갈 때도 노트북을 가지고 가서 가족과 시간을 보내기보다는 일을 했다. 최근 B씨의 아내는 심한 우울증으로 자살 충동까지 느껴 약물 복용 중인데, 그는 그런 아내를 전혀 이해하지 못한다.

강박장애와 강박성 성격장애의 차이는 무엇일까? 강박성 성격장애로 진단을 내리려면 최소한 18세 이후에 지속적이고 광범위한 강박적 특징을 가지고 있어야 한다. 강박성 성격장애는 이미 성격으로 굳어진 것이기 때문에 본인은 그다지 불편하지 않으나 주변 사람들이 불편함을 느끼는 경우가 많다. 주관적으로는 불편감을 크게 느끼지 못한다 하여 '자아동조적'이라는 표현을 쓰기도 한다. 이에 비해 강박장애는 강박사고와 강박행동으로 인해 본인이 가장 불편해한다. 자신이 원하지 않음에도 계속하게 되기 때문인데, 그래서 이런 상황을 '자아이질적'이라고 표현한다.

강박장애와 강박성 성격장애는 어떤 부분에서는 유사한 특징이 있다. 예를 들면 강박장애가 샤워로 두 시간을 보내느라 일상이 무너지는 것과 같이 강박성 성격장애도 삶의 한 부분을 완벽하게 해내려다 오히려 삶 전체를 완전히 망쳐버린다는 면에서 비슷하다고 할 수 있다.

강박성 성격장애 진단 기준을 알아보자

강박성 성격장애의 진단 기준에는 여덟 가지가 있는데, 이 중에서 네 개 이상이면 강박성 성격장애로 진단을 내린다. 강박성 성격장애는 융통성, 개방성, 효율성을 희생시키더라도 정돈, 완벽, 정신적 통제 및 대인관계에 지나치게 집착하는 광범위한 양상을 띠고 있다. 이는 청년기에 시작되어 여러 상황에서 나타난다.

강박성 성격장애의 진단 기준

1. 내용의 세부, 규칙, 목록, 순서, 조직 혹은 스케줄에 집착되어 있어 활동의 중요한 부분을 놓침

2. 완벽함을 보이나 이것이 일의 완수를 방해함(예: 자신의 완벽한 기준을 만족하지 못해서 계획을 완수할 수가 없다)

3. 여가 활동이나 친구 교제를 마다하고 일이나 성과에 지나치게 열중함(경제적으로 필요한 것이 명백히 아님)

4. 지나치게 양심적임, 소심함 그리고 도덕 윤리 또는 가치관에 관하여 융통성이 없음(문화적 혹은 종교적 정체성으로 설명되지 않음)

5. 감정적인 가치가 없는데도 낡고 가치 없는 물건을 버리지 못함

6. 자신의 일하는 방법에 대해 정확하게 복종적이지 않으면 일을 위임하거나 함께 일하지 않으려 함

7. 자신과 타인에 대해 돈 쓰는 데 인색함. 돈을 미래의 재난에 대비하는 것으로 인식함

8. 경직되고 완강함을 보임

Reprinted with permission from the Diagnostic and Statistical manual of Mental Disorders, Fifth Edition, (Copyright 2013). American Psychiatric Association.
한국어판: DSM-5 정신질환의 진단 및 통계 편람(제5판), (주)학지사, 2015

공공상담소 마음의 증상을 말하다

강박성 성격장애는 이런 특징을 가지고 있다

강박성 성격장애의 특징을 예를 들어 쉽게 설명하면 이런 상황이다. 냉장고를 산다고 할 때 일반적인 사람들은 일상을 유지하면서 냉장고에 관한 다양한 정보를 수집하고 알아보는데, 그들은 일상의 스케줄과 맥락을 다 포기하고서라도 가장 적절한 기능의 냉장고를 가장 좋은 가격으로 사는 것에만 집중한다. 가정주부라면 집안일도 하고 아이도 돌봐야 하는데 오직 냉장고 사는 일 하나에만 집중한 나머지, 아이 유치원 보내는 것도 잊어버리고 저녁상도 못 차린다. 이런 식으로 삶의 한 부분을 완벽하게 수행하기 위해서 삶 전체의 흐름을 완전히 깨버리는 상황이라면, 강박성 성격장애 성향이 있다고 할 수 있다.

강박적 성격장애자는 감정 표현을 억제하는 경향이 강하며, 자기와는 달리 감정 표현을 자유롭게 하는 사람과 같이 있으면 불편감을 느낀다. 제멋대로 충동적인 행동을 하는 사람을 혐오하며, 부드러운 감정을 잘 표현하지 못하고 칭찬이나 농담은 거의 하지 않는다. 그리고 지나치게 양심적이고 소심하고 도덕적인 가치관을 가지고 있으며, 자기가 정한 기준, 도덕, 윤리, 가치관을 강박적으로 지키려고 하는 한편, 가치를 부여하지 않은 다른 윤리나 양심이나 규칙은 전혀 신경 쓰지 않는다. 또한 자신만의 일하는 방법이 있고 이를 정확하게 알고 있으며, 그 방법을 따르지 않는 사람에게는 일을 위임하지 않아서 거의 혼자 일하는 경우가 많다.

또 다른 특징은 돈 씀씀이가 매우 인색하다는 점이다. 현재 경제적으로 여유롭더라도 만일의 재난 상황에 대비하여 저축해두어야 한다는 생각이 매우 강해, 자신은 물론 가족을 위해서도 돈을 쓰지 못한다. 아울러 필요 없는 물건이라도 언젠가는 쓸 데가 있을 거라고 여겨 버리지 못하고 잡동사니를 쌓아두는 경향이 있다. 이로 인해 가족이나 주변 사람들이 불편하고 고통스럽기 때문에 자주 갈등을 겪는다.

요즘 20대들은 흔히 자신이 '결정장애'를 가지고 있다고 말하곤 한다. 가장 완벽한, 더 나은 결정을 하기 위해 실제로 어떤 결정도 하지 못하고 계속 우왕좌왕하고 결정을 유보하는 젊은이들이 부쩍 많아졌다. 그래서 심지어 결정장애가 정식 진단명이 아님에도 불구하고 유행어처럼 번지고 있다. 그런데 결정장애가 강박성 성격장애라든가 강박장애는 아니지만, 그런 성향에 어느 정도 근접한 행위라고 볼 수도 있다. 그래서 앞서 언급한, 20대 젊은 남성에게서 강박장애가 제일 많이 진단된다는 얘기가 놀랍지 않다

왜 강박사고와
강박행동을 하는 걸까

강박장애는 위해나 실수에 대한 책임감, 오염에 대한 두려움, 폭력이나 공격성, 종교나 도덕성에 대한 과도한 몰입과 같은 강박사고와 연결되어 강박행동으로 드러나게 된다고 앞서 설명했다. 그런데 누군가 무엇으로부터 오염되어 병균 감염으로 죽게 될 것이라는 식의 불안은 왜 생기는 것일까? 그것은 그렇게 되었으면 하는 무의식적 소망의 발현일 수 있다. 오염에 대한 생각은 물론 공격성과 뾰족한 물건에 대한 강박사고에도 누군가를 해치고 싶다는 소망이 담겨 있다는 것인데, 이 위험한 소망을 취소하는 행위로써 강박사고나 행동이 나타나는 것이다.

마음에 품은 나쁜 생각이나 행동을 취소하고 없애려고 하는 행위를 정신분석 용어로는 '반동형성'이나 '전치'라고 말한다. 예를 들어 미운 사람한테 조금 더 친절하게 대하는 경우가 있는데, 그런 행동은 그에 대한 자신의 공격성이 드러나는 것에 대한 내면의 두려움에 기인한다. 그런 생각을 무의식 속으로 억압해 넣지만, 그 충동을 느끼는 자신을 취소하기 위해 위험한 생각들을 친절함으로 변형시키는 것이다.

'둘이 먹다 하나가 죽어도 모를 맛이다'라는 속담이 있다. 그만큼 맛있어서 음식에 열중해 있다는 뜻이기도 하지만, 한편으로는 너무 맛있는 이 음식을 혼자만 먹고 싶다는 표현일 수도 있다. 즉, 하나가 죽었으면 좋겠다는 소망이 드러난 말이다. 그리고 죽는 사람이 자신이기를 바라지는 않을 것이다.

성과 종교, 도덕성과 관련된 강박 증상도 사실은 같은 차원의 이야기일 수 있다. 20대 후반의 신학대학을 다니는 한 남성이 자위행위를 하는 것에 대한 엄청난 죄책감을 가지고 있었다. 종교에 심취한 부모의 영향으로 독실한 신자였던 그는 성은 굉장히 더럽고 종교는 대단히 숭고한 것이라고 생각했다. 자위의 빈도는 서너 달에 한 번 정도였지만, 숭고한 믿음을 가진 사람이 자위라는 추악한 행동을 하는 것에 대한 갈등이 심했다. 그런데 이런 해결되지 못한 내적 갈등으로 인해 성적 충동을 다른 어떤 거룩한 방식으로 해결하기 위해서 집착적으로 성경을 읽거나 기도를 하는 행위가 나타났다. 강박은 결국 어떤 본능적 충동을 자각하지 못하는 상황에서 발생되는 것이다.

정신분석적 입장에서는 강박장애와 강박성 성격장애가 심리성적 발달 단계에서 항문기(1~3세)의 경험과 관련된 것으로 본다. 1908년 프로이트는 강박에 관한 논문에서 '강박장애는 항문기 고착에서 온다'고 주장했으며, 또 강박장애의 3대 특징으로 '돈에 대해 인색하며, 고집이 세고, 질서를 매우 중요시한다'고 했다.

항문기적 성격의 특성은 규칙성, 완고성, 인색함, 정서적 억제, 자기 회의, 강한 도덕의식 등을 들 수 있다. 이는 배변 훈련 과정에서 나타난 어머니의 양육 태도와도 관련이 있는데, 정확한 시간과 장소에서 규칙적인 배변을 하도록 엄격하게 훈련받은 경험이 시간 엄수, 정리 정돈, 청결, 자기통제, 완벽주의와 같은 강박 형성에 영향을 미쳤다고 보는 것이다. 또한 배변 훈련 과정에서 아이는 어머니가 원하는 대로 배변을 하지 않는 걸로 저항을 할 수 있는데, 강박성 성격장애자가 나타내는 감정 표현의 어려움이나 완고함, 고집스러움이 이런 배변 훈련 과정에서 일어난 어머니와의 갈등과 관련이 있다고 본다.

생물학적으로는 신경계통의 호르몬(신경전달물질)과의 관련성을 생각해볼 수 있다. 우리의 뇌신경계에서 불안 및 불안 행동과 관련된 대표적인 신경호르몬 세로토닌이 분비되고 대사되는 과정에 불균형이 생기면 강박장애가 생길 수 있다고 본다. 그래서 강박장애의 대표적인 치료 약물로 세로토닌 계통의 약물을 많이 쓰고 있다. 물론 세로토닌 외에도 우리 신경계에는 많은 신경전달물질들이 있으며, 다른 여러 신경전달물질들도 강박장애의 발생이나 경과에 영향을 미칠 수 있는 것으로 알려져 있다.

사회 문화적인 측면에서 살펴보면 가정적인 환경 요인을 들 수가 있겠다. 부모의 양육방식이 굉장히 억압적이고 정서적 통제를 가하는 경우 강박장애 또는 강박성 성격장애에 노출될 가능성이 상대적으로 높다. 그렇게 보면 엄마들이 자녀를 학습과 성적으로 꼼짝달싹하지 못하게 만드는 요즘의 양육 환경이 아이들의 강박성을 키우는 요인은 아닐까?

강박에서
자유로워지기 위하여

강박장애를 지닌 사람들이 자기 안에 있는 공격성과 분노를 인지하고 수용하고 인정할 때, 강박사고나 강박행동으로부터 자유로워질 수 있다. 이들이 자신에게 공격성이나 살의가 있다는 것을 인정하지 않기 때문에 강박행위로 전치되는 것이다. 왜 이런 충동을 가지게 되었는지 심리 구조를 알고 받아들이는 과정들을 거치면 강박사고나 강박행동이 현저하게 줄어들게 된다.

공격성과 분노에 대해 자각하고 인정한 다음, 이것이 왜 발생했고, 어떤 대상을 향해 나타나는지 알아보고, 그 경험을 충분히 느껴본다. 그렇게 해서 좋고 나쁨을 동시에 수용하고, 사람은 항상 완벽할 수 없고 실수할 수도 있다는 사실을 스스로 받아들인다면 강박에서 벗어날 수 있다. 스스로 전능한 신이 아닌 불완전한 인간임을 인정하면 되는 것이다.

　강박 성향을 가진 사람은 자신이 세운 원칙 때문에 자신을 해치고 있다. 그들은 자기 삶의 지엽적인 부분에서 강고한 기대를 가지고 있는데, 이것이 오히려 삶의 근본을 위협하고 삶의 질을 떨어뜨린다. 예를 들어, 자신에게 필요한 모든 자료가 가지고 다니는 가방 안에 다 들어 있어야 한다는 원칙을 가졌다고 하자. 그런데 그 원칙 때문에 가방에 많은 자료와 책을 넣고 다니다 허리에 무리가 와서 척추가 손상된다든지, 가방을 들고 학교에 가는 게 너무 힘든 나머지 학업에 대한 흥미가 떨어지고 성적도 나빠져 학업을 포기해버리는 최악의 상황에 이를 수 있다. 또 다른 예로, 자신의 연인은 반드시 뛰어난 업무 능력을 가지고 있어야만 한다는 강한 기대를 가졌을 경우, 연인의 다른 좋은 면은 보지 못하고 오직 자신이 원하는 만큼의 업무 실력이 없다는 이유로 폄하하고 무시하다 관계가 깨져버릴 수도 있다.

　강박에서 자유로워지고 싶다면 자신이 세운 기준들을 일일이 하나씩 기록하는 것부터 시작해보자. 그리고 그 원칙을 세우게 된 동인을 가능한 한 세심하게 적으면서, 이것이 과연 자기 삶에 어떤 이득을 주는지 예상되는 결과에 대해 생각해본다. 물론 그 원칙들이 삶에 이득을 가져다줄 수도 있지만, 이것 때문에 삶의 다른 많은 부분을 방기하면서 살고 있음을 자각해야 한다.

공공상담소 마음의 증상을 말하다

특히, 강박 성향을 가진 사람들은 자신의 강박을 가까운 타인에게 강요하다가 관계를 망가뜨리는 경우가 너무나 많다. 자신이 정해 놓은 청결에 대한 기준, 데이트의 원칙, 양보할 수 없다고 생각하는 생활 규칙이나 구매 원칙 등을 가족이나 연인이 어기면 참지 못하고 화를 내다 갈등을 겪는 일이 흔하다. 이럴 때는 자신의 원칙이 더 중요한지, 아니면 사랑하는 사람과의 관계, 그리고 자신의 삶이 더 중요한지 가슴 깊이 생각해보길 바란다.

3. 강박장애와 강박성 성격장애 증상을 말하다

4

섭식장애 증상을
말하다

2010년 프랑스의 모델 이사벨 카로는 28세의 나이로 세상을 떠났다. 그녀는 스스로 거식증을 앓고 있다고 밝히고 거식증으로 고통 받는 자신의 모습을 적나라하게 드러내며 반거식증 캠페인을 벌인 모델로 유명하다. 그녀는 열세 살 때부터 거식증을 앓기 시작했는데. 그 발단은 어머니의 사고방식 때문이었다. 딸이 자라지 않고 작은 아이로 남아 있길 바란 어머니 밑에서 그녀 역시 먹는 것에 대한 강박증을 가지게 되었다고 한다. 그리고 모델 세계에 들어서면서부터는 디자이너들로부터 '체중 감량을 더 하라'는 압박을 받았다.

이사벨 카로의 어머니와 디자이너들은 왜 그녀에게 그토록 마른 몸을 요구했을까?

사람의 몸에 대한 평가는 시대에 따라 다른 기준이 적용된다. 과거에는 건강하고 풍만한 여성의 몸매를 '부잣집 맏며느릿감'이라며 선호했고, 남성의 배는 부의 상징이었다. 그런데 현대 사회에 들어서서는 비쩍 마른 여자, 식스팩의 남자가 아니라면 성격이 게으르거나 자기관리를 못 하는 사람이라는 평가를 받기가 쉽다. 그렇다면 역으로 날씬하고 몸매가 좋다면 삶의 복잡한 문제를 성숙하게 풀 수 있는 훌륭한 인품과 성격의 소유자이며, 자기관리에 철저한 사람이라는 뜻일까? 말도 안 되는 소리지만 많은 사람들이 이렇게 믿고 있는 듯하다. 사람들은 살찐 사람을 비웃고 놀리면서도 죄책감을 별로 느끼지 않으며, 살찐 사람들은 죄인이라도 된 것처럼 수치심과 우울감에 시달린다.

이런 환경에서 여성들은 다이어트를 거듭하며 배고픔을 견디어나가고 있다. 객관적으로 마른 몸매를 가지고 있는 여성들도 거울을 보면서 자신이 뚱뚱하다고 생각한다. 수전 보르도의 《참을 수 없는 몸의 무거움 *Unbearable weight: feminism, western culture, and the body*》이라는 책에서 보면 거식증 환자들은 겉으로는 뚱뚱해질까 봐 두려워하지만 실제론 그렇지 않다고 말한다. 그들이 진정 두려워하는 것은 식욕을 통제할 수 없을지도 모른다는 점이다. 그들은 식욕을 통제할 수 있다면 자신이 완벽해질 수 있다는 착각에 빠져 있다.

비만을 측정하기 위해 가장 많이 사용하는 지수로 BMI(Body Mass Index)가 있다. BMI는 체중중량지수 또는 체질량지수라고 하는데, 몸무게를 키의 제곱으로 나누어 계산하여 나온 수치에 따라 저체중, 정상, 과체중, 비만, 고도비만으로 나눈다. 그러나 키와 몸무게만으로 계산하는 BMI 수치로 전체적인 지방의 분포를 알 수가 없으며, 지방보다 근육의 무게가 더 무겁기 때문에 자칫 뚱뚱하지 않은 과체중과 비만자를 만들 수 있다. 그럼에도 사람들은 건강함이 아닌 BMI의 정상수치 또는 저체중을 추구하고 있다. 저체중, 44열풍, S라인만이 아름답고 좋은 것이라고 생각하며 추구하는 풍토가 섭식장애를 낳고 있는 것은 아닌지 생각해봐야 한다.

극도로 식욕을 상실하거나
황소처럼 많이 먹거나

섭식장애는 크게 '신경성 식욕부진증(anorexia nervosa)'과 '신경성 폭식증(bulimia nervosa)'의 두 가지로 구분한다. 우선 '거식증'이라고 하는 신경성 식욕부진증은 음식을 지나치게 제한하고 거의 먹지 않는 상태를 말한다. 거식증 'anorexia'의 그리스 어원을 살펴보면 접두어 an은 '결핍', arexis는 '식욕'으로 단어 자체는 '식욕 상실'을 의미한다.

신경성 식욕부진증을 가진 사람들은 비만에 대해서 병적인 공포를 가지고 있어 마를 수만 있다면 무슨 일이든 하려고 한다. 다이어트를 계속해서 피부와 뼈만 남을 때까지 살을 빼는데, 월경이 중단되고 몸이 위험한 상황에 이르러도 멈추지 못한다. 그렇다고 이들이 식욕이 없는 것은 아니다. 오히려 음식에 심하게 집착한다. 다만,

공공상담소 마음의 증상을 말하다

음식을 극도로 절제하고 제한할 뿐이다. 그런데 초반에는 식욕을 잘 참지만, 시간이 지날수록 먹고 토하는 식으로 변이되기도 한다. 그래서 신경성 식욕부진증이 신경성 폭식증으로 변할 수도 있다

일반적으로 '폭식증'이라고 불리는 신경성 폭식증은 평소의 섭취량에 비해 현저히 많은 양의 음식을 짧은 시간 동안 마구 먹은 뒤, 체중 증가를 염려해서 과도한 보상적 행동을 하는 것이다. 그래서 폭식증이 있는 사람들 중에는 과체중도 있지만 상당수가 정상 체중이다.

폭식증 'bulimia'의 어원을 살펴보면 그리스어 bous는 '황소', limou는 '배고픔'을 의미하는 것으로 '황소처럼 많이 먹는 식욕'을 뜻한다. 그러나 스트레스 받을 때 초콜릿과 같은 단것을 찾아서 먹는다거나, 치킨이나 피자같이 기름진 것을 먹어 스트레스를 푸는 것까지 신경성 폭식증으로 진단할 수는 없다. 다만, 이런 폭식 뒤에 체중이 증가할까 봐 두려워하며 토하거나 설사약 같은 약물을 복용하고 혹은 굶거나 운동에 집착하는 등의 보상적 행동을 반복적으로 한다면, 신경성 폭식증으로 진단한다. 먹는 것에 대한 조절력 상실이 신경성 폭식증의 특징이기 때문이다. 신경성 폭식증인 사람들은 한 번에 엄청난 양의 음식을 섭취하는데, 폭식의 횟수는 일주일에 한두 번에서 하루 수차례까지 다양하다. 무엇보다도 폭식이 끝나면 이들은 죄책감, 우울, 자기혐오를 느낀다.

신경성 식욕부진증
증상을 말하다

음식을 거부하거나 제한하는 사람들

여기서 사례를 통해 신경성 식욕부진증(거식증)의 증상을 살펴보도록 하자.

Y양은 고등학교 1학년에 재학 중인 여학생이다. 고등학교 진학 후 Y양은 점점 야위어가고 있다. 165센티미터에 체중 42킬로그램으로 6개월 전보다 무려 15킬로그램이 줄었다. 생리도 중단된 상태이다. Y양은 식사를 거의 하지 않고, 하루에 우유 한 잔으로 버티고 있다. 이유는 식사를 하면 배가 더부룩하고 메스꺼운 느낌 때문에

공부에 방해가 되기 때문이다.

어린 시절부터 학업 성적이 우수했던 Y양은, 초등학교 때 영재로 발탁되면서 두각을 나타냈으며, 바이올린 연주와 무용, 미술 등 예체능 방면에서도 재능을 인정받았다. 중학교 때까지도 전교 1등을 한 번도 놓친 적이 없었다. 전문직에 종사하고 있는 Y양의 부모는 외동딸인 Y양에 대한 기대가 크다. Y양이 특목고에 진학하자, 등하교 시간을 줄여 공부할 시간을 좀 더 확보해주기 위해 학교 근처로 이사까지 했다. Y양이 진학한 특목고는 성적이 우수한 학생들이 많고, 경쟁적인 분위기이다. Y양은 평소 완벽주의 성향에 꼼꼼한 성격으로 공부에 대한 집착이 강했다. 고등학교 진학 후 첫 시험 날, Y양은 아침식사 후 소화가 잘 되지 않은 상태로 등교했다. 시험 결과 1등을 하지 못했고, Y양은 속이 불편한 상태에서 시험을 보았기 때문이라고 생각했다.

그날 이후, Y양은 공부에 집중하기 위해 식욕이 없다며 식사를 잘 하지 않았고, 점점 말라가는 딸을 보며 부모는 애를 태우고 있다. Y양에게 화도 내보고 달래도 보았지만 섭식행동은 고쳐지지 않고 있다.

보통 사람에게 만족감과 즐거움을 주는 식사가 Y양의 사례처럼 신경성 식욕부진증 환자에게는 불안을 유발시킨다. 지속적인 음식물 섭취의 제한은 저체중과 심각한 영양 부족 상태를 가져온다.

그런데 거식증 하면 무조건 음식을 거부하는 것으로 오해하기 쉬운데, 음식을 거부하지는 않더라도 체중 증가를 두려워하여 저체중 상태이면서도 음식 섭취를 미루거나 자기가 허용하는 음식만 먹으면서 하루 권장량보다 심하게 적은 양의 음식을 섭취하는 경우도 해당된다. 다음 사례를 보자.

깡마른 체격, 푸석푸석한 머리카락의 20대 초반 여성 W씨는 항상 표정이 어둡다. 오랫동안 불면증과 우울감, 의욕 상실을 겪고 있으며, 자기비하적인 생각도 끊이지 않아 괴로운 날이 많다. 그녀는 자신은 뚱뚱해서 못생겼다고 여기고 중학교 3학년 때부터 날씬한 몸매를 만들기 위해 음식을 조절하기 시작했다. 처음에는 평소보다 조금 적게 먹거나 가끔 끼니를 거르는 정도였지만, 점차 먹지 않는 날이 많아졌다. 하지만 식욕을 참는 데에도 한계가 있었다. 고등학교 2학년 후반이 되면서부터는 식욕을 참는 대신 음식을 먹은 후 화장실에서 토하기 시작했다. 집에서는 아예 식사를 하지 않기 때문에 엄마와 싸우는 일이 잦고, 가족 식사 모임도 가지 않으려고 해서 가족과 갈등도 심했다.

W씨는 자신이 못생겼고 볼품없다는 생각을 지울 수가 없다. 원하는 체중이 되었지만 만족하지 못하고, 언제든 다시 살이 불어날 수

있다는 불안에 시달리고 있다. 그녀는 밖에서는 음식을 거의 먹지 않았고, 대신 집에 들어올 때면 성인 서너 명은 먹을 수 있는 양의 음식을 사와서는 한자리에서 다 먹고는 토하기를 반복한다. 대학생이 되어서는 호감을 표시하는 남성도 있어 남자친구를 사귀기도 했지만 관계를 오래 지속하지는 못했다. 데이트할 때 먹는 것이 부담되어 만남을 꺼렸기 때문이다. 이런 자신의 모습이 비참하고 쓸모없이 느껴지지만, 먹고 토하는 걸 멈출 수 없다.

신경성 식욕부진증에서 먹고 토하는 일은 매우 흔하다. 토하기 위해 손가락을 입에 집어넣을 때 손등이 윗니에 마찰하면서 생긴 굳은살을 러셀 사인(russell's sign)이라고 하는데, 섭식장애 환자에게서 종종 발견된다.

폭식 후 구토는 식도를 손상시키고, 토해낸 음식물과 수분의 손실로 인한 전해질 장애, 위산과 함께 섞여 나온 음식물 때문에 생기는 전체 치아의 부식 등 신체의 심각한 문제를 초래할 수 있다. 먹고 토하기를 반복하는 신경성 식욕부진증 환자의 경우, 토하는 것을 대부분 숨기기 때문에 가족이나 주변 사람들은 이들의 신체와 정신이 점점 망가져가고 있다는 것을 대부분 눈치채지 못한다. 이러한 형태의 신경성 식욕부진증은 폭식증으로 발전하기도 한다.

어떻게, 얼마나 먹지 않을 때
신경성 식욕부진증 진단을 내릴까

어떻게, 얼마나 먹지 않을 때 신경성 식욕부진, 즉 거식증이라고 말할 수 있을까? 다음 진단 기준을 함께 살펴보자.

신경성 식욕부진증의 진단 기준

A. 필요한 양에 비해 지나친 음식물 섭취 제한으로 연령, 성별, 발달 과정 및 신체적인 건강 수준에 비해 현저하게 저체중을 유발하게 된다. 현저한 저체중은 최소한의 정상 수준보다 체중이 덜 나가는 것으로 정의되며, 아동과 청소년의 경우, 해당 발달 단계에서 기대되는 최소한의 체중보다 체중이 적게 나가는 것을 의미한다.

B. 체중이 증가하거나 비만이 되는 것에 대한 극심한 두려움, 혹은 체중 증가를 막기 위한 지속적인 행동을 한다. 이러한 행동은 지나친 저체중일 때도 이어진다.

C. 기대되는 개인의 체중이나 체형을 경험하는 방식에 장애. 자기평가에서 체중과 체형에 대한 지나친 압박 혹은 현재의 저체중에 대한 심각성 인식의 지속적 결여가 있다.

현재의 심각도를 명시할 것:

성인의 경우, 심각도의 최저 수준은 현재의 체질량 지수 Body Mass Index(BMI)를 기준으로 한다. 다음의 범위는 세계보건기구(WHO)에서 제공하는 성인의 마른 정도의 범주에 따른다.

공공상담소 마음의 증상을 말하다

- 경 도: BMI ≥ 17kg/m²

- 중등도: BMI 16~16.99kg/m²

- 고 도: BMI 15~15.99kg/m²

- 극 도: BMI < 15kg/m²

성인의 경우, 심각도의 최저 수준은 현재의 체질량지수(BMI)를 기준으로 17 이하이며, 이 수치부터 신경성 식욕부진증, 즉 거식증으로 본다. BMI 지수 17은, 20세 여성 기준으로 160센티미터의 키에 43킬로그램 정도이다.

거식증이 위험한 이유는 당사자와 부모나 주변 사람들이 위험성을 제대로 인지하지 못하기 때문이다. 거식증이 진행되면 신체적으로 여러 증상들이 나타나는데, 생리가 멈추고, 간에 심각한 손상이 온다. 기본적으로 다른 정신장애들이 그 자체만으로 신체에 큰 영향을 끼치지 않는 편인데, 거식증이나 폭식증은 신체 내부 기관에 직접적으로 심각한 영향을 미친다.

4. 섭식장애 증상을 말하다

신경성 폭식증
증상을 말하다

참을 수 없는 음식에 대한 충동

20대 초반의 여성 A씨는 대학 휴학 중이다. 고등학교 때도 가끔 폭식을 했지만 대학 입학 후, 학교생활이 힘들어지면서 충동적으로 폭식을 하는 날이 많아졌다. 주로 밤에 폭식을 하는데, 위에 부담을 느끼고 목구멍까지 음식물이 가득 찬 불쾌한 기분이 들 때까지 계속된다. 폭식 후에는 체중 증가를 걱정해서 손가락을 목구멍에 집어넣어 억지로 토한다. 그러다 보니 손등에 굳은살이 생기고, 얼굴에는 항상 좁쌀 같은 여드름이 나고, 얼굴과 목이 부은 상태일 때가 많다. 대학 생활이 너무 힘들어 한 학기 휴학하고 집 안에서만 생활하면서부터 이런 습관은 더욱 심해졌다.

A씨는 키 163센티미터, 몸무게 53킬로그램의 적당한 체격으로 전혀 뚱뚱하지 않다. 그러나 본인은 자신이 엄청나게 뚱뚱하다고 여기고 있으며, 그런 자신이 너무나 창피하여 문밖을 나서기가 겁이 난다. 사람들이 뚱뚱한 자신을 한심하게 볼 것만 같고, 바쁘게 인생을 살아가는 보통 사람들과 달리 집에만 있는 자신을 욕할 것 같아 두렵다. A씨는 입맛이 없을 때는 식사를 거르기도 하지만 주기적으로 폭식과 구토를 반복한다. 폭식을 하고 구토를 한 후에도 과자와 빵, 초콜릿, 소시지 등을 먹고, 피자나 치킨을 배달시켜 혼자서 다 먹기도 한다. 폭식을 할 때면 먹고 싶은 충동을 자제할 수가 없고, 위가 아프고 숨이 막혀 도저히 못 먹을 정도가 될 때까지 계속된다. A씨는 폭식을 한 후에는 자신이 너무 수치스럽게 느껴져 깊은 우울감에 빠진다.

폭식증의 경우에는, 보통 사람들이 유사한 상황에서 동일한 시간 동안 먹는 것보다 많은 양의 음식을 먹는다. 그리고 먹고 난 후에는 반드시 체중 증가를 막기 위한 보상 행동을 한다. 손가락을 넣어 토하고, 하제를 복용하고, 과도하게 운동을 하는 것 등이다.

다음은 폭식 후 과도한 운동으로 몸에 무리가 생겼지만 멈추지 못하는 한 남성의 사례이다.

4. 섭식장애 증상을 말하다

N씨는 20대 후반의 미혼 직장 남성이다. 그는 키 180센티미터, 몸무게 73킬로그램의 적당한 체격에 얼굴도 잘생긴 편이어서 여성들에게 인기가 많다. N씨는 체격을 유지하기 위해 매일 두 시간씩 운동을 하고, 저염식·고단백 다이어트 도시락을 배달시켜 먹는다. 동료들은 자기관리가 철저한 그를 부러워한다. 하지만 그에게는 남모를 고민이 있는데, 일주일에 서너 번씩 밤에 폭식을 하는 것이다. 처음 폭식은, 회사에서 자신이 진행하던 프로젝트가 수포로 돌아갔던 날 시작됐다. 심혈을 기울였기에 프로젝트 실패에 대한 상실감이 컸다. 그날 N씨는 퇴근 후 집에서 치킨과 족발을 배달시켜 먹고는 스트레스가 일시에 풀리는 쾌감을 맛보았다. 그러나 곧 체중 증가에 대한 두려움이 몰려와 집 앞 공원에 가서 세 시간을 뛰었다. 그렇게 하지 않으면 먹은 음식물들이 지방으로 변해 온몸에 저장될 것만 같았기 때문이다. 그날 이후 회사에서 스트레스를 받을 때면 폭식을 하고, 에너지 소모를 위해 몇 시간씩 운동하는 일이 반복되었다. 최근에는 무릎과 발목에 이상이 생겨서 운동을 중단하라는 의사의 권고까지 받았다.

사실, N씨는 20대 초반까지 130킬로그램이 넘는 거구였다. 맞는 옷이 없어 큰 사이즈 옷을 특별 주문해 입었다. 명문대에 진학했지만 뚱뚱하다는 이유로 소개팅에서 만난 여성들에게 번번이 거절당했다. 그러나 대학 4학년 때 다이어트에 성공해 지금의 몸매를 가진 후에는 상황이 달라져 여성들이 먼저 호감을 보이며 접근했다. 그는 같은 과 동기들 중에서 가장 먼저 대기업 입사에도 성공했다. N씨는 다시 뚱뚱해지면 예전처럼 여성들에게 거절당하고, 사람들에게 외면받을 거라고 생각한다.

어떻게, 얼마나 많이 먹을 때 신경성 폭식증 진단을 내릴까

어떻게, 얼마나 먹을 때 신경성 폭식증이라고 할 수 있는지 진단 기준을 통해 살펴보자.

신경성 폭식증의 진단 기준

A. 반복되는 폭식 삽화. 폭식 삽화는 다음 두 가지로 특징지어진다.

1. 일정 시간 동안(예: 두 시간 이내) 대부분의 사람이 유사한 상황에서 동일한 시간 동안 먹는 것보다 분명하게 많은 양의 음식을 먹음

2. 삽화 중에 먹는 것에 대한 조절 능력의 상실감을 느낌(예: 먹는 것을 멈출 수 없거나, 무엇을 혹은 얼마나 많이 먹어야 할 것인지를 조절할 수 없는 느낌)

B. 체중이 증가하는 것을 막기 위한 반복적이고 부적절한 보상 행동. 예를 들면 스스로 유도한 구토, 이뇨제, 관장약, 다른 치료 약물의 남용, 금식 혹은 과도한 운동 등이 나타난다.

C. 폭식과 부적절한 보상 행동이 둘 다, 평균적으로 적어도 3개월 동안 일주일에 1회
   이상 일어난다.

D. 체형과 체중이 자기평가에 과도하게 영향을 미친다.

E. 이 장애가 신경성 식욕부진증의 삽화 기간 동안에만 발생하지 않는다.

현재의 심각도를 명시할 것:

심각도의 최저 수준은 부적절한 보상 행동의 빈도를 기반으로 하고 있다. 심각도
수준은 다른 증상 및 기능적 장애의 정도를 반영하여 증가할 수 있다.

- 경 도: 평균적으로 일주일에 1~3회의 부적절한 보상 행동 삽화가 있다.

- 중등도: 평균적으로 일주일에 4~7회의 부적절한 보상 행동 삽화가 있다.

- 고 도: 평균적으로 일주일에 8~13회의 부적절한 보상 행동 삽화가 있다.

- 극 도: 평균적으로 일주일에 14회 이상의 부적절한 보상 행동 삽화가 있다.

Reprinted with permission from the Diagnostic and Statistical manual of Mental Disorders,
Fifth Edition, (Copyright 2013). American Psychiatric Association.
한국어판: DSM-5 정신질환의 진단 및 통계 편람(제5판), (주)학지사, 2015

공공상담소 마음의 증상을 말하다

얼마나 많은 사람이
섭식장애를 앓고 있을까

　우리나라 섭식장애 환자 수는 얼마나 될까? 건강보험심사평가원에 따르면 섭식장애 환자 수는 2008년 1만 940명에서 2012년 1만 3,002명으로 5년 만에 18.85퍼센트 증가했다. 성별 분석 결과, 2012년 기준으로 여성이 79.8퍼센트로 남성 진료 인원에 비해 약 네 배 정도 더 많았다. 그러나 실제 섭식장애 환자 수는 이보다 훨씬 많을 것으로 추정되는데, 자신이 섭식장애라는 것을 인식하지 못하는 경우가 많기 때문이다.

왜 건강한 식사를
하지 못할까

1978년 미국 휴스턴의 베일러 의대 정신과 교수이자 정신분석가 힐데 브루흐는 《황금 새장 속에 갇힌 소녀 *The golden cage: the enigma of anorexia nervosa*》라는 책을 출간했다. 이 책에서 브루흐는 70여 명의 실제 사례를 세세히 묘사하며, 그녀가 생각한 거식증의 원인과 치료법을 소개했다.

책 속의 대부분 거식증 환자들은 청소년기 소녀들로 부유한 환경에서 자라났고, 그들의 부모는 완벽주의 성향이 강하여 자녀를 통제하려 했다. 책 제목처럼 소녀들은 황금 새장 안에 갇혀 키워지는 새 같았고, '무의식적으로 더 이상 자라기를 거부하는' 마음이 있었는데, 브루흐는 이를 거식증 환자의 전형적인 정신역동이라고 설명했다.

새장 속의 아이는 성인이 되어 현실 속에서 독립된 개체로서 정체성을 갖고 생활하는 것이 너무나 두렵다. 그래서 음식을 거부하고 여전히 아이로 남고 싶어 한다. 생물학적 나이가 성인이 되었지만, 스스로 굶고 먹은 것을 토해내서라도 아이로 남아 힘없고 약한 자신을 부모가 돌봐주고 보살펴주기를 무의식적으로 간절히 원하는 것이다.

상담 현장에서 섭식장애 내담자와 작업을 하다 보면, 부모나 내담자 모두 제대로 인식하지 못하고 있지만, 엄마와 내담자 사이의 애착과 친밀함이 유독 끈끈하고 심리적으로도 분리되지 못한 채 공생 관계를 유지하는 것을 흔히 관찰할 수 있다. 서양에서도 섭식장애는 엄마가 상담실에 따라오는 경우가 다른 정신장애에 비해 현저히 많다. 이는 자녀의 식이장애만큼 부모의 죄책감을 건드리는 것이 없기 때문이다. 엄마는 전통적으로 자녀의 섭식을 책임지는 역할을 해왔기 때문에 밥을 먹지 않는 자녀를 보면 죄책감을 느낄 수밖에 없다.

그렇다면 엄마에게 죄책감을 주기 위해 먹기를 거부하는 것은 아닐까? 어쩌면 바로 이 지점에서 섭식장애 치료를 위한 중요한 접근점을 발견할 수 있을지도 모른다.

섭식장애자들의 부모와 관계를 살펴보면, 엄마가 굉장히 신경질적인 사람이 많고, 엄마와 양가감정형 애착을 형성한 경우가 많다. 양가감정형 애착은 엄마가 지나치게 변덕스럽거나 양육 태도에 일관성이 없을 때 형성된다. 엄마가 기분이 좋을 때는 아이가 칭얼대도 웃은 얼굴로 대하지만, 기분이 나쁠 때는 조금만 칭얼거려도 바로 화를 내고 매몰차게 대한다. 이런 일이 반복되면 아이의 기분은 자신의 감정이 아니라 엄마의 감정에 따라 바뀐다. 엄마의 일관되지 않은 양육 태도는 아이를 정서적으로 불안하게 하고, 엄마에 대한 '집착'과 '배척'이라는 양가감정에 사로잡히게 만든다. 이런 아이는 결국 정서적으로 엄마에게 매여 있는 상태로 성장하는데, 그들이 엄마에게 대항할 수 있는 방법은 식이장애를 통해 죄책감을 자극하는 것밖에 없는지도 모른다.

지금까지 시대에 따라서 여성의 체형에 대한 평가가 달랐다. 예전에는 얼굴이 동그랗고 몸도 통통하고 엉덩이가 커야 아름답다고 했는데, 요즘은 정반대로 작은 얼굴과 날렵한 턱선, 마른 체형을 아름답다고 평가한다. 이는 남성에게도 마찬가지로 적용된다. 체격이 크고 듬직한 사람을 미남이라고 했던 예전과 달리 최근에는 순정만화에서 금방 튀어나온 듯, 날씬하고 다리가 긴 남자를 잘생겼다고 본다. 예전에는 그런 남자들을 '기생오라비'라며 폄하했는데, 요즘은 많은 여성들의 이상형이 됐다.

이처럼 시대나 문화권에 따라 미추의 기준은 변해왔다. 대중매체에서는 날씬한 몸매를 매력의 기준으로 내세우면서 사람들에게 날씬해져야 한다는 강박을 심어주고 있다. 이러한 사회심리적 환경의 변화와 압력은 사람들에게 자신의 몸을 바라보는 신체 이미지에 영향을 줄 수밖에 없다.

　우리 사회는 지금 10대와 20대는 물론 중장년들까지 모두 지나치게 '몸매'에 신경을 곤두세우고 있다. 몸매가 곧 건강이라거나, 또는 미모라는 인식이 광범위하고 확고하게 자리 잡고 있는 듯하다. 이런 자기 회의적 압박은 섭식장애의 중요한 원인으로 작용한다. 거식증으로 인해 굶어 죽은 유럽 모델들의 예를 들지 않더라도, 한국의 아이돌이나 연예인들의 거식 행위는 종종 가십거리가 되고 있다. 이를 모방하는 10대, 20대들이 많아지고 있음은 물론이다.

　섭식장애의 또 하나의 주요한 원인으로 지목되는 것은, 트라우마 수준의 부정적 성 경험이다. 여기에는 물론 성폭력도 포함된다. 특히, 성적 트라우마를 경험한 나이가 어릴수록, 그 정도가 심할수록 섭식에 문제가 발생할 가능성이 더 높다.

먹는 즐거움,
건강한 몸을 되찾기 위하여

　신경성 식욕부진증을 보이는 18세 이하 청소년들에게는 가족의 도움이 절실하게 필요하다. 먼저, 증상의 호전을 위해서 가족은 도움이 되는 행동과 태도는 강화하고, 악화시킬 수 있는 행동은 줄여 나가야 한다. 처음에는 부모가 책임지고 섭식에 대한 주도권을 갖고 자녀의 나이에 맞는 식사 계획을 함께 세우고 식사를 제공한다. 그런 다음 체중이 거의 회복되어가면 점차적으로 식사에 대한 통제권을 자녀에게 넘겨준다.

　아울러 건강 회복에 힘쓰느라 잠시 미뤄두었던 부모와 자녀의 관계 문제에 대해서도 대화를 시도해보는 것이 좋다. 예컨대 자녀는 부모의 과잉보호에 대해 어떻게 생각해왔는지, 무엇이 힘들었는지 등에 관해 이야기를 나눠보는 것이다. 그간 부모는 아이들에게 훈육과 사랑을 위해 적절한 태도를 취했는지, 자녀는 부모에게 무모한 태도나 행동을 보이지 않았는지 서로 대화를 통해 돌아보고 변화시켜나가야 한다. 이러한 의사소통은 가족 내 문제를 발견하고 그것을 개선하기 위해서 어떤 변화가 필요한지 알 수 있게 해준다.

섭식장애는 스스로 '몸무게를 늘려야겠다'는 의지만 가지고 해결되는 것이 아니며, 자신이 어느 정도 심각한 상태인지 정확하게 알아야 하기 때문에 꼭 전문가를 찾아가야 한다. 하지만 일상생활에서 큰 어려움은 없지만 폭식 증상을 가지고 있는 정도라면, 폭식이 나타날 때 어떤 선행 조건이 있는지 스스로 점검해보기를 제안한다. 스트레스 때문에 폭식을 한다면, 어떤 스트레스를 받을 때 폭식을 하는지는 사람마다 다를 수 있다. 예를 들면, 직장 스트레스에는 괜찮은데 가족 문제로 스트레스를 받을 때는 폭식을 한다든지, 혹은 타인에게 비난이나 지적을 받았을 때 폭식을 한다든지 개인에 따라 선행 조건이 다르다. 폭식의 선행 조건을 알아냈다면 그것이 자신에게 어떤 영향을 주는지, 그 영향 때문에 나는 어떤 상태가 되는지를 관찰하여 자각할 수 있을 것이다.

또한, 폭식 후 구토하는 증상이 심각하다면 자신이 음식을 먹었을 때 구토하는 경우와 아닌 경우를 곰곰이 생각해보자. 어떤 사람은 급하게 밥을 먹으면 토하고 천천히 먹으면 토하지 않는 자신의 패턴을 발견하고는, 음식을 먹기 전에 심호흡을 하고 급하게 먹지 않고 천천히 100번 씹겠다고 마음먹고 행동에 옮겼더니 증상이 완화되었다고 한다.

　대체로 폭식을 하는 사람들은 "나도 모르게, 어느새 내가 먹고 있더라……"라는 말을 많이 한다. 그렇다면 무엇인가를 먹을 때, 먹고 있는 자기 자신을 자각할 수만 있다면 분명 증상을 조절할 수 있을 것이다.

5

성격장애 증상을
말하다

사람들은 대화에서 종종 "이기적이야", "고집이 세", "성격 더러워", "까다로워", "충동적이야"라고 자신이나 다른 이들의 성격을 언급한다. 자신과 타인을 이해하거나 자신이 맺고 있는 관계를 파악할 때 성격을 중요한 변수로 고려하기 때문이다. 성격은 여러 가지 특성이 조합되어 형성된 것이고, 그런 성격이 행동으로 발현되기 때문에 상대를 이해할 수 있는 가장 좋은 요소이다. 서로 성격을 이해하지 못할 때 관계는 힘들어진다. 부부가 이혼할 때 '성격 차이'를 가장 많이 거론하는 것도 그 때문일 것이다. 하지만 성격은 자기 자신도 잘 모르는 묘하고도 복잡한 구성체이다.

성격(性格, personality)의 성(性)은 사람의 본성이나 본바탕을 말한다. 성격, personality의 어원은 '탈' 혹은 '가면'의 뜻을 가진 라틴어 페르소나(persona)에서 유래되었다.

심리학적으로 성격이란, 시간과 상황에 걸쳐 안정적으로 지속되며 잘 변하지 않는 개인의 정서, 사고 및 행동 양식으로, 대개 어린 시절부터 서서히 발전하기 시작하여 초기 성인기 무렵에 굳어진다고 본다. 성격심리학에서는 인간의 성격이 완전히 구성되어 고착되는 시점을 20대 중후반 이후라고 설명한다. 이 말은, 20대 후반부터는 인간의 성격이 쉽게 변하지 않는다는 것을 뜻하기도 한다. 성격장애는 어릴 때부터 형성되어온 심리적 특성이 성인기 초기에 성격의 한 구조로 정착된 것이기 때문에, 문제가 되는 성인의 성격적 특성을 변화시키기란 쉽지 않다.

상담실을 찾는 사람들 중에 자신의 성격이 문제라고 생각해서 오는 경우는 많지 않다. 주로 우울이나 불안, 직장생활이나 가족관계에서의 어려움을 혼자서 감당하기 어려울 때 상담자를 찾는다. 하지만 그런 어려움의 주된 원인 중 하나가 본인의 편향된 성격인 경우가 적지 않다. 그럼에도 정작 자신의 내적 상태를 잘 알지 못하기 때문에 타인을 탓하며, 자신은 고통 받고 있다고 주장한다.

우울증, 망상장애, 불안장애 등과 같은 다른 심리적 장애는 비교적 무난하게 현실에 적응하며 지내던 사람이 어떤 사건이나 경험이 계기가 되어 일회적으로 발병하는 경우가 많다. 하지만 성격장애는 어린 시절부터 개인의 심리적 특성이 서서히 발전하여 성인기에 하나의 성격으로 굳어지며 지속적으로 일정한 문제를 발생시키는 것이다. 어떤 사람들의 경우 성격의 특이성이 지나치게 편향되어 대인관계나 사회생활, 그 외 개인적인 생활에서 부적응을 보이는데, 이럴 때 성격장애를 의심해볼 수 있다.

다른 심리적인 장애들과 성격장애의 또 하나 큰 차이는 진단에 있어서 나이가 중요한 판단 기준이 된다는 것이다. 성격장애는 보통 18세 이상의 청소년기를 지난 성인에서만 진단내릴 수 있다. 반면 성격장애 외의 다른 대부분의 심리적 장애는 18세 미만이라도 진단내린다.

별나고 감정적이며 불안한
성격장애의 종류

DSM-5에서는 열 가지의 성격장애를 크게 A, B, C군으로 나누어 분류한다.

A군 성격장애는 사회적으로 고립되어 있고 별나거나 괴상하고 이상한 행동 패턴을 보이는 유형으로, 편집성 성격장애, 조현성 성격장애, 조현형 성격장애를 말한다. B군 성격장애는 극적이고 감정적이며 변덕스러운 성격 유형으로, 반사회성 성격장애, 경계성 성격장애, 연극성 성격장애, 자기애성 성격장애가 있다. C군 성격장애는 불안과 걱정, 두려움을 많이 느끼는 성격 유형으로, 회피성 성격장애, 의존성 성격장애, 강박성 성격장애가 있다.

한 사람이 가진 성격적 특징과, 장애로 진단할 수 있을 만큼의 편향된 비이상성은 확연하게 다른 문제이다. 따라서 독특하고 개성적인 성향을 가졌더라도 이것이 자신과 타인의 삶에 부정적이고 비건설적인 영향을 끼치지 않는다면 성격장애로 진단할 수는 없다. 한 개인의 성격이 장애의 수준으로 심각한지에 대해서는 엄격한 진단 기준에 입각해서 판단해야 한다.

일반적 성격장애의
진단 기준은 무엇일까

    이번 장에서는 성격장애 중에서도 B군 성격장애에 해당하는 경계성 성격장애와 자기애성 성격장애, C군 성격장애에 해당하는 의존성 성격장애와 회피성 성격장애에 대해서 자세히 다루려고 한다.

    그 전에 일반적 성격장애의 진단 기준을 먼저 살펴보자.

일반적 성격장애의 진단 기준

A. 내적 경험과 행동의 지속적인 유형이 개인이 속한 문화에서 기대되는 바로부터

   현저하게 편향되어 있다. 이러한 형태는 다음 중 두 가지(또는 그 이상)에서 나타남

   1. 인지(즉, 자신과 다른 사람 및 사건을 지각하는 방법)

   2. 정동(즉, 감정 반응의 범위, 불안전성, 적절성)

3. 대인관계 기능

4. 충동 조절

B. 지속적인 유형이 개인의 사회 상황의 전 범위에서 경직되어 있고 전반적으로 나

타난다.

C. 지속적인 유형이 사회적, 직업적 또는 다른 중요한 기능 영역에서 임상적으로 현

저한 고통이나 손상을 초래한다.

D. 유형은 안정적이고 오랜 기간 동안 있어 왔으며 최소한 청년기 혹은 성인기 초기

부터 시작된다.

E. 지속적인 유형이 다른 정신질환의 현상이나 결과로 더 잘 설명되지 않는다.

F. 지속적인 유형이 물질(예: 남용 약물, 치료 약물 등)의 생리적 효과나 다른 의학적 상

태(예: 두부 손상)로 인한 것이 아니다.

경계성 성격장애
증상을 말하다

끊임없이 관계의 경계를 침투하는 사람들

대학원에서 디자인을 전공하고 있는 T씨는 20대 후반의 미혼 여성이다. T씨는 큰 키에, 뛰어난 외모를 가지고 있고 보헤미안 같은 독특한 분위기를 풍긴다. 전공 분야에서도 나름 성공을 거두었다. 그녀가 상담실을 찾은 이유는 분노 조절이 어려워서이다. 그녀는 네 살 연하의 남자친구에게 화가 나면 자신도 모르게 욕을 하고 폭력을 가했다. 그런 행동을 반복하는 자신이 마음에 들지 않지만, 남자친구가 전화를 받지 않거나 자신을 대하는 태도가 무성의하면 폭력적으로 변하고 만다. 정신없이 폭력을 휘두르다가 퍼뜩 정신이 들면 자신이 무슨 행동을 했는지 전혀 기억이 나지 않을 때도 있다. 그런 자신이 '악마'처럼 느껴지기도 하고, 세상에서 가장 불쌍한 사람처럼 생각되기도 한다. 얼마 전에도 사소한 일로 남자친구와 말다툼을 하다가, 운전 중인 남자친구를 마구 때려 하마터면 큰 사고로 이어질 뻔했다.

T씨는 텅 빈 마음을 달래기 위해 고등학생 때부터 술을 마시고 끊임없이 남자친구를 사귀어왔다. 남자친구와 말이 통하지 않는다고 느껴질 때면, 싸움 도중 자해를 하기도 했다. 그러면 남자친구의 사과로 싸움이 마무리되곤 했다. 그러나 이런 연인 관계는 매번 불행하게 끝이 났다. 그녀는 두어 번 만난 상담자에게 "저를 너무 잘 이해해주시는 것 같아요. 선생님 같은 분을 진작 만났어야 했어요"라며 찬사를 보내다가도, 예약 시간에 늦은 자신을 이해해주지 않는다며 화를 내고 더 이상 상담자를 믿을 수 없다고 했다.

경계성 성격장애는 관계에서 불안정함이 특히 많이 드러난다. 연인 혹은 자기편이 될 만한 사람이라면 한두 번밖에 만나지 않았더라도 '세상에서 가장 좋은 사람'이라고 여기고 과도한 친밀감을 표현하다가, 상대방의 사소한 행동에서 거부당하는 느낌이 들면 크게 분노한다. 이들에게는 항상 몰입할 관계가 필요하고, 그 관계가 잘되느냐 안 되느냐가 감정에 큰 영향을 미친다.

5. 성격장애 증상을 말하다

경계성 성격장애와 뒤에 살펴볼 의존성 성격장애 모두 관계에 의존한다는 점은 동일한데, 경계성 성격장애는 맺고 있는 관계의 상태를 밖으로 표출하는 방식이 더 극적이다. 감정을 겉으로 드러나게 표출하기 때문에, 관계가 위협받거나 끝났을 때는 분노하고 더 나아가서 자해하거나 상대를 해치기까지 하는 특징이 있다. 이들은 다른 사람의 애정과 관심을 끊임없이 원하지만, 실제로는 정반대로 행동하는 경우가 많아 타인에게 거부당하곤 한다. 다른 사람에게 지나치게 의존적인 모습을 보이고, 상대방으로부터 의존 욕구를 충족시키지 못했을 때는 상당한 불안과 공포를 느낀다.

이들이 인간관계에서 궁극적으로 바라는 것은 자신을 버리지 않을 사람의 삶 속으로 침투하는 것이다. 그래서 상대방과 하나가 되기 위해 끊임없이 경계를 침입해 들어가려고 하며, 이런 목적을 달성하기 위해 타인을 조종하려 든다. 상대방을 잡아두기 위해 자살 위협이나, 자기 파괴적 행동까지 서슴지 않는 것이 그 예이다. 그리고 이들은 거부당하거나 버림받지 않기 위해 상대방에게 극도의 찬사와 경의를 표한다. 하지만 실제적인 관계에서 기대했던 것을 얻지 못하면 바로 격한 비난과 돌발적인 분노를 표출하기도 한다.

경계성 성격장애자들은 '내가 누구인지 모르겠다'며 자신의 정체성에 대한 혼란을 많이 느낀다. '저는 아무것도 몰라요. 도와주세요'라는 메시지를 보내다가도, 자신이 세상에서 가장 '사악'한 사람인 것 같다며 자책하기도 한다. 또한 이들은 만성적으로 '속이 텅 빈 것 같은' 깊은 공허감을 호소하는 경우가 많다. 그리고 이를 해소하기 위해 알코올이나 섹스에 중독되거나 폭식을 하기도 한다.

어떤 행동이 경계성 성격장애의 진단 기준이 될까

앞서 경계성 성격장애를 가진 여성의 사례와 그들의 특징을 살펴보았는데, 진단 기준을 통해 경계성 성격장애의 모습을 좀 더 알아보자. 경계성 성격장애는 대인관계, 자아상 및 정동의 불안정성과 현저한 충동성이 광범위한 형태로 성인기 초기에 시작되며 여러 상황에서 나타나고, 다음 중 다섯 가지(또는 그 이상)를 충족한다.

경계성 성격장애의 진단 기준

1. 실제 혹은 상상 속에서 버림받지 않기 위해 미친 듯이 노력함

   (주의점: 5번 진단 기준에 있는 자살 행동이나 자해 행동은 포함하지 않음)

2. 과대이상화와 과소평가의 극단 사이를 반복하는 것을 특징으로 하는 불안정하고 격렬한 대인관계의 양상

3. 정체성 장애: 자기 이미지 또는 자신에 대한 느낌의 현저하고 지속적인 불안정성

4. 자신을 손상할 가능성이 있는 최소한 두 가지 이상의 경우에서의 충동성(과도한 소

비, 물질 남용, 좀도둑질, 부주의한 운전, 과식 등)

[주의점: 5번 진단 기준에 있는 자살 행동이나 자해 행동은 포함하지 않음]

5. 반복적 자살 행동, 제스처, 위협 혹은 자해 행동

6. 현저한 기분의 반응성으로 인한 정동의 불안정(예: 강렬한 삽화적 불쾌감, 과민성 또는

   불안이 보통 수 시간 동안 지속되며 아주 드물게 수일간 지속됨)

7. 만성적인 공허감

8. 부적절하고 심하게 화를 내거나 화를 조절하지 못함(예: 자주 울화통을 터뜨리거나 늘

   화를 내거나, 자주 신체적 싸움을 함)

9. 일시적이고 스트레스와 연관된 피해적 사고 혹은 심한 해리 증상

Reprinted with permission from the Diagnostic and Statistical manual of Mental Disorders, Fifth Edition, (Copyright 2013). American Psychiatric Association.
한국어판: DSM-5 정신질환의 진단 및 통계 편람(제5판), (주)학지사, 2015

경계성 성격장애는
얼마나 많은 사람에게 나타나는 증상일까

경계성 성격장애 환자의 유병률 중간값은 1.6퍼센트이지만 5.9퍼센트까지 높게 보고되기도 한다. 1차 진료 체계에서의 유병률은 6퍼센트, 정신과 외래 환자에서는 10퍼센트, 정신과 입원 환자에서는 20퍼센트까지 보고된다. 진단자의 75퍼센트가 여성이다.

공공상담소 마음의 증상을 말하다

경계성 성격장애 환자들은 자살 시도 비율이 높기 때문에 다른 성격장애보다 비교적 입원율이 높다. 조엘 패리스(Joel Paris)에 따르면, 실제 경계성 성격장애로 진단을 받은 열 명 중 한 명이 자살한다고 한다(2002). 또 한 가지 꼭 기억해야 할 점은, 실제로 죽을 의도가 아니라 위협을 가할 의도였다 할지라도 자살 시도를 했다가 사고를 당하는 경우도 있기 때문에 주변의 관심이 필요하다는 것이다.

관계의 경계를 지키기 위한 원칙 만들기

경계성 성격장애의 원인은 심리적 요인, 유전적 요인, 생물학적 요인 등 여러 가지 면에서 찾을 수 있다. 여기서는 발달심리학적 관점을 중심으로 설명하고자 한다.

경계성 성격장애의 원인을 발달심리학적 관점에서 이해하려면 먼저, 양가감정형 애착에 대해 알아야 한다. 애착은 인생의 아주 초기, 즉 1~3세 무렵에 주 양육자와의 관계 경험에 의해 만들어진다. 그리고 양가감정형 애착은 불안정-저항애착이라고도 하는데, 역시 인생의 아주 초기에 심리 내면에 형성되어 자리 잡는다.

양가감정형 애착을 형성한 아이는 엄마가 방에 있을 때조차도 낯선 사람과 상호작용하지 않고 엄마에게만 매달린다. 그리고 엄마와 떨어지면 매우 고통스러워하는데, 엄마를 다시 만나도 화를 내고 저항하며 엄마가 달래도 쉽게 화를 풀지 않는다. 이들은 엄마에게 '집착'과 '배척'이라는 양가적인 유형으로 반응한다. 이러한 양가감정형 애착은 엄마가 지나치게 변덕스럽거나 양육에 일관성이 없는 경우 형성된다.

양가감정형 애착을 형성한 아이들이 성인이 되어 경계성 성격장애를 지니게 되는 경우가 많다고 한다. 즉, 아이가 엄마가 사라질까 봐 두려워서 과도하게 집착했다가 다시 나타난 엄마에게 불같이 화를 내는 것처럼, 경계성 성격장애자들은 성인이 되어서도 혼자 있는 것을 참지 못하고 자신에게 중요한 사람에게 버려질까 봐 두려워하며, 원하는 만큼의 친밀감이 채워지지 않았을 때는 폭발적으로 분노를 표출하는 것이다. 물론 양가감정형 애착을 형성한 아이가 모두 경계성 성격장애자가 되는 것은 아니며, 이후 성장 과정에서 긍정적 경험을 많이 하면 회복되어 내적 균형을 잡게 된다.

한편, 아동기에 반복적으로 경험한 충격적인 심리적 외상이 경계성 성격장애 발생에 영향을 미치는 것으로 보고되었다. 자나리니 (Zananrini) 등에 따르면 경계성 성격장애자의 72퍼센트는 언어적 학대, 46퍼센트는 신체적 학대, 26퍼센트는 성적 학대, 76퍼센트는 부모의 양육 태만, 74퍼센트는 18세 이전에 부모를 잃거나 이별을 경험했다(1989). 임상 장면에서도 경계성 성격장애를 가진 많은 사람들

공공상담소 마음의 증상을 말하다

이 아동기에 학대를 받았다고 말한다.

아동기에 학대를 받는 아이들은 끔찍한 환경 속에서 살아남기 위해 양육자에게 애착을 유지하려고 노력하며, 버림받지 않기 위해 필사적으로 매달린다. 이런 아이들은 세상과 자신에 대한 신뢰감, 안정감을 키우지 못했기 때문에 자신을 학대하는 바로 그 양육자에게 의존하고 집착한다. 이런 집착이 경계성 성격을 만들어낸다고 보는 것이다.

경계성 성격장애를 가진 사람들은 상담을 받으면서도 상담자를 신격화하고 도와달라고 매달리거나, 잠옷 바람으로 느닷없이 찾아와서 괴로움을 호소하기도 한다. 반대로 아주 작은 단서로 상담자를 오해하여 세상에서 가장 나쁘고 매정한 사람으로 평가하며 복수하겠다고 말하기도 한다.

경계성 성격장애의 이런 양상이 강하면 강할수록 주변 사람들은 매정할 정도로 단호하게 대처해야 한다. 이들은 관계의 영역을 침범해서 나를 더 많이 받아달라고 강하게 요구하고, 그러기 위해서 다양한 방법을 사용한다. 자해를 하기도 하고, 자신을 세상에서 가장 불쌍한 사람으로 만들기도 한다. 사람들은 보통 처음에 그들에게 연민을 느껴 받아주지만 어느 순간 자신이 굉장히 착취당하고 있다는 것을 깨닫고는 결국 지친 나머지 거리를 두려고 한다. 이렇게 상대방이 관계를 끊으려 할 때 그들은 크게 분노한다.

5. 성격장애 증상을 말하다

경계성 성격장애를 가진 사람과 관계를 맺어야 한다면 다른 사람들과의 관계보다 더 분명하게 '경계'를 정하고, 명확한 '원칙'을 세워 이를 지켜나가는 것이 중요하다. 서로의 영역을 침범하지 않고, 지속적으로 관심을 가지며 오랫동안 안정적인 관계를 맺고 유지하는 경험이 치유에 이르는 과정이기 때문이다. 특히, 일상에서 안전하고 안정되며 지속적인 관심을 줄 수 있는 사람을 만날 수 있다면 큰 도움이 될 것이다.

자기애성 성격장애
증상을 말하다

'내가 제일 잘나가'는 자기애성 성격장애

Y씨는 40대 초반의 대학교수인데, 이혼하겠다는 아내의 협박에 전문가를 찾아왔다. Y씨는 왜 아내가 이혼을 원하는지 전혀 이해하지 못한다. 다만 재력가의 딸인 아내와 이혼하면 자신의 경력에 도움이 되지 않을 것이라 여겨 이를 피하기 위해 상담에 온 것뿐이었다. 그는 상담하러 와서 반드시 가장 경력이 많고 학벌이 좋은 상담자와 상담을 하겠다고 고집했다. 자신감 넘치는 모습에 최고급 슈트를 입은 Y씨는 자신이 대단한 사람이라는 특권의식이 강했다. 상담을 하며 학벌과 경력에 대해 자랑스럽게 이야기하고, 교류하고 있

는 특권층의 사람들에 대해 줄줄이 늘어놓았다. 그는 해외 명문 대학을 졸업한 유능하고 잘생긴 자신이 무식한 아내와 살아주는 것에 아내가 감사해야 한다고 생각한다. 자신은 일, 부부관계, 스포츠, 대인관계 등 모든 면에서 탁월한데, 아내는 교양도 없고 막장 드라마나 보는 무식한 사람이기 때문이다. Y씨는 재직 중인 대학도 자신이 없으면 큰 손해를 볼 것이라고 했다. 전년도에도 자신이 쓴 여러 편의 논문이 국내외 학계에서 우수 논문으로 선정되고, 제자들 또한 Y씨의 후광으로 대기업 취업에 성공했다고 한다. 자신이 아니었으면 제자들의 실력으로는 어림도 없는 일인데, 제자들이 충분히 고마움을 표시하지 않는다며 "개돼지처럼 예의도 모르는 짐승 같은 녀석들"이라고 매우 흥분했다.

그러나 부인의 말은 달랐다. Y씨의 아내는 "남편은 저를 함께 사는 사람이 아니라, 마치 액세서리처럼 여기는 듯해요"라며 눈물을 흘렸다. 갑상선암 수술 후 부작용으로 살이 찐 아내에게 '돼지 같고 무식해 보인다, 지방 흡입이라도 하라'는 폭언을 일삼았다고 한다. 또한 동료 교수의 아내와 끊임없이 비교하며 최고의 몸매와 외모를 갖출 것을 요구했다. 무엇보다 부인이 견딜 수 없었던 것은, 전혀 감정 교류가 되지 않는다는 점이다. 부인이 암 수술 때문에 입원했을 때도, Y씨는 논문 발표를 위해 해외로 출국해버렸다고 한다.

자기애성 성격장애를 가진 사람들을 빗댄 유명한 농담이 있다. 어떤 자기애성 성격장애자가 친구를 만나서 한참 자기 얘기만 늘어놓았다. 그러다 미안한 듯 친구에게 이렇게 말했다.

"아이쿠 그러고 보니 내 얘기만 많이 했네. 이제 자네 얘기도 좀 들어보세. 이번에 새로 나온 내 책에 대해서 어떻게 생각하나?"

농담 속의 사람처럼, 자기애성 성격장애는 자신에 대한 과장된 평가와 함께 인정받고 싶은 욕구가 강하고, 다른 사람에 대한 공감의 결여를 특징으로 하는 성격장애다. 자기애(narcissism)라는 용어는 호수에 비친 자신의 아름다운 모습을 너무 사랑하여 호수에 몸을 던져 죽었다는 그리스 신화의 나르키소스(Narcissos)에서 유래되었다.

사실 자기애성 성격장애는 우리 주변에서 어렵지 않게 볼 수 있다. 성공해서 주변인들에게 관심을 끌기 위해 애쓰는 사람들이다 보니, 실제로 사회적으로 높은 자리에 오른 이들이 많고, 그 자리를 유지하기 위해 더욱 착취적이 된다. 이들이 타인에게 전혀 공감을 못하는 이유는 오직 자기에게만 관심이 있기 때문이다. 이들이 타인에게 관심을 쏟는 것처럼 보일 때는 자기의 목적 달성을 위해 그 사람이 필요할 때뿐이다.

자기애성 성격장애를 지닌 사람은 자기 자신에 대한 사랑과 자기도취에 빠져 있다. 자신이 모든 면에서 특별하다고 느끼는데, 이런 자신을 인정해주지 않으면 강한 적개심을 표출하며 분노한다. 이들은 과시성과 시기심이 강하고 타인을 깎아내리는 성향이 있다. 자신만을 위하고 자신의 목적을 위해 아무런 죄책감 없이 타인을 이용하려고 들기 때문에 대인관계에서 잦은 갈등을 일으킨다.

경계성 성격장애가 관계에서 초점이 타인이라면, 자기애성 성격장애는 항상 자신이 중심이다. 이들은 자기의 능력이 대단하다고 여기고, 다른 사람이 자신을 인정해주고 숭배하는 대상으로 봐줄 때 우월감이 충족된다. 타인의 감정에는 관심이 없고, 타인이 나를 얼마나 인정해주고 숭배하는가에만 관심이 있는 것이다.

또한 자신의 단점은 최소화하고 장점은 최대로 부풀려서 본다. 자기에게 단점이 있어도 그것은 중요한 문제가 아니다. 실제로 이런 사람들을 만나보면, 겉은 번지르르하지만 실상 지식의 수준은 굉장히 얕은 경우가 많아서 놀라울 정도다. 공부를 많이 한 것 같지만 깊이 있게 하지 않기 때문이다.

자기애성 성격장애자는 자기가 승복할 수 있는 사람에게는 납작 엎드리고, 자기보다 약하거나 부족하다고 생각하는 사람은 철저히 착취한다. 그렇다 보니 이런 사람들이 사회에서 성공할 확률이 높다. 사람들을 이용하여 성공할 수 있는 지위에 있는 인사들, 특히 유명 정치인이나 기업가, 연예계 스타 중에서 자기애성 성격장애자들이 많다.

어떤 행동이 자기애성
성격장애의 진단 기준이 될까

    DSM-5에 나와 있는 자기애성 성격장애 진단 기준은 아홉 가지다. 과대성(공상 또는 행동상), 숭배에의 요구, 감정이입의 부족이 광범위한 양상으로 있고, 이는 청년기에 시작되며 여러 상황에서 나타나고, 다음 중 다섯 가지(또는 그 이상)로 나타날 때 자기애성 성격장애로 진단한다.

자기애성 성격장애의 진단 기준

1. 자신의 중요성에 대한 과대한 느낌을 가짐(예: 성취와 능력에 대해서 과장한다, 적절한 성취 없이 특별 대우받기를 기대한다)

2. 무한한 성공, 권력, 명석함, 아름다움, 이상적인 사랑과 같은 공상에 몰두함

3. 자신의 문제는 특별하고 특이해서 다른 특별한 높은 지위의 사람(또는 기관)만이 그것을 이해할 수 있고 또는 관련해야 한다는 믿음

4. 과도한 숭배를 요구함

5. 특별한 자격이 있는 것 같은 느낌을 가짐(즉, 특별히 호의적인 대우를 받기를, 자신의 기대에 대해 자동적으로 순응하기를 불합리하게 기대한다)

6. 대인관계에서 착취적임(즉, 자신의 목적을 달성하기 위해서 타인을 이용한다)

7. 감정이입의 결여: 타인의 느낌이나 요구를 인식하거나 확인하려 하지 않음

8. 다른 사람을 자주 부러워하거나 다른 사람이 자신을 시기하고 있다는 믿음

9. 오만하고 건방진 행동이나 태도

자기애성 성격장애는
얼마나 많을까

DSM-5에 의하면, 지역사회 표본에서 자기애성 성격장애의 유병률은 0~6.2퍼센트로 추정된다. 남성들에게 압도적으로 많이 나타나 환자의 50~75퍼센트가 남성이다. 미국정신의학회(American Psychological Association)는 인구 백 명 중에서 한 명 정도가 엄격한 자기애성 성격장애의 진단 기준들을 모두 충족시킨다고 보았다.

우리나라의 경우 현재까지 알려진 자기애성 성격장애 발병률에 대한 조사는 없는데, 이는 자기애성 성격장애자들은 스스로 문제를 인식하지 못하기 때문에 치료를 위해 병원이나 상담실을 찾을 확률이 다른 장애에 비해 현저히 낮기 때문으로 추정된다.

어쩌다 그들은 자신만 사랑하게 된 걸까

자기애성 성격장애의 원인은 무엇일까? 학자들은 생물학적, 심리적, 환경적 요인에서 자기애성 성격의 발생을 설명하는데, 여기에서는 심리적 요인에 집중하여 원인을 설명해보려 한다.

코헛(Kohut)에 따르면, 어린아이는 양육 과정에서 누구나 정상적인 자기애를 경험한다(1968). 예를 들면, 배가 고파 울면 엄마가 와서 젖을 물려주는데, 아직 '나'와 '타인'의 구분이 없는 어린아이는 마치 자신이 전능해서 스스로 배고픔을 채운다고 착각한다. 좀 더 성장한 후에는 '내가 이렇게 울기만 하면 와서 젖을 주는 것을 보니, 나는 참 대단한 존재구나'라는 생각을 하고, 자신의 욕구를 채워주는 부모 또한 대단한 존재라고 여긴다. 물론 어린아이는 아직 '나'와 '타인'의 개념이 명확하지 않기 때문에 자기와 부모의 존재에 대한 개념을 하나로 생각하여, '대단한 나'라는 믿음을 갖는다.

그러나 부모의 상황에 따라서, 때로는 아이가 울어도 바로바로 반응해줄 수 없는 경우가 생긴다. 이때 아이는 부모가 자신의 욕구를 즉각적으로 만족시켜주지 못하는 사람이라는 것을 체험하고 '나는 대단한 사람이 아니구나'라는 사실을 알게 된다. 이런 좌절 경험은 어린아이가 성장하는 과정에서 필수적인 것인데, 좌절 경험이 너무 없거나 혹은 지나치게 충격적인 경우에 자기애성 성격으로 발전될 수 있다고 코헛은 설명한다. 좌절 경험이 없으면, '나는 대단한 사람이다. 세상은 나를 중심으로 돌아간다'는 유아적 자기애를 교정할 기회 또한 없기 때문에 성장하여 자기애성 성격이 되기 쉽다. 반대로 좌절 경험이 지나치게 충격적일 경우에는 이를 수용하지 못하고, 스스로를 보호하기 위해서 '나는 대단한 사람이다'라는 것에 더욱 집착하게 되어 자기애성 성격이 된다.

아들러(Adler)에 의해 발전된 대인관계적 접근에서는, 자기애성 성격은 자신을 타인에 비해 하찮고 열등하다고 지각하는 개인이 보상적인 노력을 기울인 결과 만들어진 것이라고 설명한다(1991/1929). 아들러는 인간은 누구나 타인과의 비교에서 생겨나는 열등감을 극복하기 위해 노력하고, 이런 노력이 성격 발달의 주요 동기라고 했다. 자기애성 성격인 사람은 겉으로는 자신이 대단하다고 여기고, 찬사를 갈망하지만 사실은 자신을 못나고 보잘것없는 사람으로 지각하고 있다는 것이다

인지적 입장인 벡(Beck)과 프리먼(Freeman)은 자기애성 성격장애자들의 독특한 믿음이 장애를 발생시킨다고 주장한다(1990). 즉, 그들은 '나는 우월한 사람이다', '사람들은 나를 비판할 자격이 없다', '나는 특별 대우를 받아야만 한다'는 신념을 가지고 있는데, 이러한 신념에 일치하는 정보에는 주의를 기울이고, 반대되는 정보는 무시하거나 왜곡하는 과정을 통해 자기애적인 성격으로 굳어진다고 보았다.

공공상담소 마음의 증상을 말하다

자기애성 성격장애자들로부터
나를 지키기 위하여

앞서 사회적 성취를 이루어 비교적 상급자의 지위에 있거나 단체의 높은 위치에 오른 사람들 중에서 자기애성 성향이 강한 사람들이 많다는 설명을 했다. 그래서 다른 어떤 성격장애보다 자기애성 성격장애는 주변 사람들에게 고통을 준다. 예를 들어 자기애성 성향이 강한 사람이 직원 50명을 둔 회사의 사장이라면, 50명의 직원들은 직·간접적으로 영향을 받는다. 대학원의 어떤 교수 한 명이 자기애성 성격장애자라면 그 연구실에 속한 수십 명의 석·박사 과정 학생들은 거의 하루 종일 그 교수의 영향권 아래서 살아야 한다.

사실 이런 일은 주위에서 어렵지 않게 볼 수 있다. 그래서 여기서 특별히 자기애성 성격장애를 가진 이와 함께 일하는 사람들을 위한 설명을 첨언한다.

직장에 들어갔는데 상사가 자기애성 성격장애자라면, 혹은 대학원에 진학했는데 지도교수가 이렇다면 어떻게 해야 할까? 자기애성 성격장애자의 착취와 침범으로부터 어떻게 나를 지켜낼 수 있을까?

다른 어떤 성격장애보다 자기애성 성격장애자는 주변을 착취하는 데 상당히 능란하고, 이에 대한 고마움이나 미안함이 없다. 실제로 어떤 교수는 자기 부모상을 치를 때 연구실 학생 수십 명을 불러서 3일 밤낮 장례식 도우미로 부려먹었다. 하지만 장례가 끝난 다음 자기가 총애하는 학생 몇 명만 밥 한 끼 사먹이고는 나머지 학생들에게는 수고했다는 인사도 제대로 하지 않았다. 그러고는 방명록을 확인해서 부조를 적게 한 학생들을 찾아내서 예의 없고 못 배워먹은 놈이라고 욕을 하고 다녔다.

이들은 자신보다 약한 위치에 있는 사람들은 무자비하고 교활하게 착취하는 경향이 강하다. 따라서 자신의 지도교수나 직장 상사, 또는 단체나 모임의 상급자가 이런 사람이라면, 자신을 잘 지킬 수 있는 방법에 대해 미리 생각해두어야 한다.

자기애성 성격장애자와 함께 생활해야 하는 사람이라면, 그들이 자신을 추앙하고 숭배하는 사람일수록 더 멸시하고 착취한다는 것을 꼭 알아야 한다. 반면, 자신을 잘 지키는 사람은 두려워한다는 걸 기억하자. 따라서 그에게 함부로 존경심을 내보이거나 곁을 주는 행동을 삼가며, 적당한 거리를 유지하면서 '나는 당신이 쉽게 부릴 수 있는 사람이 아니다'라는 느낌을 전달해야 한다. 또 하나, 자기애성 성격을 가진 사람이 무시할 수 없는 어떤 월등한 한 가지 능력을 가지고 있으면 큰 도움이 된다. 특히, 그런 기능이나 기술, 또는 내적 능력이 자기애성 성향을 가진 사람이 갖지 못한 것일 경우 이는 자신을 보호해줄 좋은 방패가 된다. 만약 그 사람을 압도할 무기나 능력이 없다면 부당한 지시에 맞서 싸우거나, 정당한 대우를 요구하며 물러서지 말아야 한다. 그렇지 않으면 당신은 실컷 착취당하고 부려지다가, 어느 순간 지쳐서 나가떨어지고 만다. 그러면 그는 오히려 주변 사람들에게 당신이 무책임하고 무능하며 나쁜 사람이라고 비난을 해댈 것이다.

인간은 누구나 출세의 욕망이 있으며, 쉽게 그 자리에 오르기 위해 성공한 사람들 옆에 있고 싶어 한다. 실제로 그들을 추앙하고 숭배하면서 옆에 있으면 떡고물이라도 얻어먹을 수 있다. 뒤에 가서는 욕을 할지언정 말이다. 자기애성 성격장애자들 앞에서 약해지는 사람이라면, 그들을 두려워하기 전에 자신이 그들을 이용해 쉽게 무언가를 얻으려 하고 있는 건 아닌지 한번 점검해봤으면 좋겠다.

의존성 성격장애
증상을 말하다

    사람은 누구나 조금쯤은 의존적이다. 그러나 의존성 성격장애는 스스로 독립적인 생활을 하지 못할 정도이며, 다른 사람에게 과도하게 의존하거나 보호받으려는 성향이 매우 강하다. 자신이 의지할 수 있는 대상을 끊임없이 찾아 헤매며, 의존 대상을 찾으면 버림받는 것에 대해 지속적으로 불안해하며 그에게 매우 순종적이고 복종적인 태도를 취한다. 그러나 그들의 지나친 의존 행동에 대해 상대는 부담을 느끼기 때문에 관계가 오래 지속되지는 못한다.

혼자서는 아무것도 할 수 없는 사람들

30대 초반의 전업 주부인 J씨는 소위 말하는 '마마걸'이었다. 무남 독녀인 J씨는 어머니의 극진한 사랑을 받으며 '순하고 착한 아이'로 자라 어머니가 정해주는 것이면 무엇이든 군말 없이 잘 따르곤 했다. 자신은 음악에 별로 흥미가 없었지만 어머니가 피아노로 예술 학교에 진학할 것을 권하자, 어머니가 상처받을까 봐 걱정이 되어 의견에 따랐다. 대학에 진학할 때에도 어머니의 의견에 따라 학교를 정했고, 무난히 합격하여 4년을 다녔다. 그러나 어머니가 바라는 대로 피아니스트가 되는 것은 아무래도 무리여서 어머니와 상의 끝에 졸업 후에는 피아노 레슨을 하기로 했다. 결혼할 때에도 어머니가 정해주는 상대와 맞선을 보고 했는데, 남편은 유순하고 조용한 J씨를 무척 마음에 들어 했지만, 결혼 후에도 모든 걸 어머니 말대로 하는 생활이 계속되자 "마치 장모와 함께 사는 듯하다"며 불만을 나타내곤 했다.

그러던 중 J씨의 어머니가 뇌출혈로 식물인간 상태에 빠지게 되었다. 이때 J씨는 하늘이 무너지는 것 같은 느낌이 들었는데, 이는 어머니에 대한 걱정보다는 앞으로 어떻게 살아가야 할지 모르겠다는 막막한 불안감 때문이었다. 늘 결정을 해주던 어머니가 없어지자 J씨는 남편에게 매달리기 시작했다. J씨의 남편은 일상생활의 모든 일. 하다못해 아이 옷을 살 때도 전화를 걸어 어떤 색깔이 좋을지 물어보는 J씨에게 점점 화가 나고 지쳐갔다. 남편이 그런 반응을 보이면 J씨는 금방 울먹거리면서 "당신까지 이러면 나는 어떻게 사느냐"며 하소연하고 애원하는 모습을 보였다.

얼마나 타인을 의존할 때
의존성 성격장애로 진단할까

DSM-5에 나와 있는 다음 진단 기준 여덟 가지를 살펴보자. 돌봄을 받고자 하는 광범위하고 지나친 욕구가 복종적이고 매달리는 행동, 이별 공포를 초래하며, 이는 청년기에 시작되며 여러 상황에서 나타나고 다음 진단 기준 중 다섯 가지(또는 그 이상)가 해당될 때 의존성 성격장애로 본다.

의존성 성격장애의 진단 기준

1. 타인으로부터의 과도히 많은 충고, 또는 확신 없이는 일상의 판단을 하는 데 어려움을 겪음

2. 자신의 생활 중 가장 중요한 부분에 대해 타인이 책임질 것을 요구함

3. 지지와 칭찬을 잃는 것에 대한 공포 때문에 타인과의 의견 불일치를 표현하는 데

공공상담소 마음의 증상을 말하다

어려움을 나타냄

〔주의점: 보복에 대한 현실적인 공포는 포함하지 않는다.〕

4. 자신의 일을 혼자 시작하기 어렵거나 스스로 일을 하기가 힘듦(동기나 에너지의 결핍

   이라기보다는 판단이나 능력에 있어 자신감의 결여 때문임)

5. 타인의 돌봄과 지지를 지속하기 위해 불쾌한 일이라도 자원해서 함

6. 혼자서는 자신을 돌볼 수 없다는 심한 공포 때문에 불편함과 절망감을 느낌

7. 친밀한 관계가 끝나면 자신을 돌봐주고 지지해줄 근원으로 다른 관계를 시급히

   찾음

8. 자신을 돌보기 위해 혼자 남는 데 대한 공포에 비현실적으로 집착함

Reprinted with permission from the Diagnostic and Statistical manual of Mental Disorders,
Fifth Edition, (Copyright 2013). American Psychiatric Association.
한국어판: DSM-5 정신질환의 진단 및 통계 편람(제5판), (주)학지사, 2015

의존할 대상을 끊임없이 찾아다니는 삶

　의존성 성격장애와 경계성 성격장애는 모두 관계에 과도하게 집착한다는 공통된 특징이 있다. 그러나 경계성 성격장애는 앞서 설명했듯이 집착하는 대상이 떠나려고 하면 불같이 화를 내고 자해나 위협을 해서라도 붙잡으려고 하는 반면, 의존성 성격장애는 의존하던 사람이 떠나면 곧 그 사람에 대한 집착을 거두고 다른 사람을 찾는

다는 점이 다르다.

　의존성 성격장애를 지닌 사람의 특징을 좀 더 자세히 설명하면, 그들은 만나는 동안에는 의존하는 그 대상이 떠날까 봐 자신을 희생해가면서까지 지나치게 불합리하고 착취적인 요구 사항도 들어주며 관계를 유지하려고 노력한다. 그리고 의존 대상으로부터 거절과 버림을 받으면, 깊은 좌절감과 불안을 느끼며 일상생활을 유지하기도 어려워한다. 그러나 의존 대상이 떠난 후 겪는 혼란과 애도, 슬픔의 기간이 상식적으로 굉장히 짧고, 금방 다른 의존할 상대를 찾아서 같은 행위를 반복하는 특징을 갖고 있다.

　한편, 이들은 사회적 활동에 소극적이고, 책임을 져야 하는 지위를 피하며, 결정을 내려야 하는 상황에 이르면 심한 불안을 느낀다. 대인관계가 대체로 협소하며 의지하는 몇 사람에게만 국한되는 경향이 있다.

의존성 성격장애는 얼마나 많을까

　의존성 성격장애의 유병률은 일반 인구의 2~48퍼센트까지 매우 다양하며(블래시필트·데이비스, 1993), DSM-5에 의하면 0.49퍼센트로 보고되고 있다. 이 성격장애는 임상 장면에서 여성에게 더 많이 진단되는 경향이 있으나, 정확한 진단도구로 측정한 연구 결과에서는 남성과 여성의 비율이 유사하다. 의존성 성격장애를 진단할 때는 사회 문화적 요인을 고려해야 하는데, 어떤 사회에서는 여성이나 남성에게 의존 성향을 차별적으로 교육하며 조장 또는 억제할 수도 있기 때문이다.

의존성 성격장애는 다른 성격장애, 특히 경계성, 회피성, 연극성 성격장애와 함께 나타나는 경향이 있다. 또한 의존성 성격장애가 지속적으로 심해질 경우 기분장애, 불안장애, 적응장애가 발병할 가능성이 높다. 이 장애를 지닌 사람들은 아동기나 청소년기에 분리불안장애나 만성적 신체질환을 경험한 경우가 많은데, 이것이 의존성 성격장애의 발병에 영향을 미친다는 주장도 있다.

어쩌다 그들은 타인에게만 의존하게 되었을까

어린 시절 병치레가 잦았든지 몸이 많이 약해서 부모나 보호자로부터 과잉보호를 받고 자란 경우에 의존적 성향이 짙어질 수 있다. 이로 인해 성장해서도 타인의 과도한 보호와 동정이 익숙하며 이를 기대하게 된다. 그래서 의존성 성격장애를 지닌 사람 중 어린 시절 만성질환을 앓은 경우가 많다.

정신분석학자인 아브라함(Abraham)은 성격장애를 심리성적 발달 단계의 고착현상으로 설명했으며, 의존성 성격장애는 구강기에 고착된 결과라고 보았다(1927). 구강기 성격은 의존성, 혼자됨에 대한 불안, 비관주의, 수동성, 인내심 부족, 언어적 공격성 등의 특성을 나타낸다.

인지적 입장에서는 의존성 성격장애가 독특한 신념 체계와 관련되어 있다고 본다. 즉, 의존성 성격장애자는 '나는 근본적으로 무력하고 부적절한 사람이다', '나는 혼자서는 세상에 대처할 수 없으며 의지할 사람이 필요하다'라는 기본적 신념을 지니고 있기 때문에 타인에게 의존하며 보살핌을 얻는 대가로 자신의 권리나 주장을 포기한다는 것이다. 따라서 독립적인 삶을 영위할 수 있는 자기주장 방법, 문제해결 능력, 의사결정 기술을 배우지 못하고 의존성이 강화되어, 의존 대상을 만족시키는 데 주의를 기울이고 관계를 악화시킬 수 있는 갈등은 회피한다.

의존성 성격장애자는 의존과 독립에 대해서 흑백논리의 사고를 지니고 있다. 이들에게 삶의 방식은 완전히 의존적이거나 아니면 완전히 독립적인 것뿐이다. 독립적인 존재로 혼자 살아가는 것에 대한 두려움으로 결국 극단적인 의존적 삶을 선택한다. 또한 이들은 자신의 능력에 대해서도 흑백논리로 생각하는데, 어떤 일을 매우 잘하지 못하면 전적으로 잘못한 것으로 판단하여 자신을 무능하고 무력한 존재로 평가하는 경향이 짙다. 그 결과 다른 사람에게 의존하거나 보살핌을 받을 수밖에 없다는 생각을 하는 것이다.

의존성 성격장애자가 스스로 서려면

의존성 성격장애자에 대한 정신역동적 치료의 목표는 의존적 소망을 좌절시키고 독립적으로 생각하고 행동할 수 있도록 돕는 것이다. 이를 위해서는 내담자가 지니고 있는 상실과 독립에 대한 불안을 직면할 수 있도록 해야 한다.

한편, 인지행동 치료에서는 의존성 성격장애자에 대한 치료 목표를 독립이 아닌 '자율'에 둔다. 타인에게 의존하지 않고 독립한다는 것은 매우 힘들고 부담스럽지만, 타인으로부터 독립적으로 행동하면서도 친밀하고 밀접한 인간관계를 유지할 수 있는 자율은 훨씬 이해하고 받아들이기 쉽기 때문이다. 따라서 '자율'에 목표를 두고 생활 속의 여러 문제를 스스로 해결할 수 있는 문제해결 능력과 의사결정 기술을 습득하게 하고, 자신의 생각을 적절하게 표현하는 자기주장 훈련이나 의사소통 훈련을 하게 해야 한다.

회피성 성격장애
증상을 말하다

회피성 성격장애는 다른 사람과의 대면에 대한 불안과 두려움 때문에 사회적 상황을 회피함으로써 적응에 어려워하는 경우를 말한다. 예를 들면 누군가와 만나서 논의를 해야 한다든지, 과제를 수행해내야 한다든지, 뭔가 결정을 해야 될 때 하지 않으려고 하는 것이 회피성 성격장애의 특징이다.

불안장애 중 사회불안장애가 사회적 장면에서 느끼는 불안이 사회적 행동을 철회하는 요인이라면, 회피성 성격장애는 누구를 만나지 않더라도 자기가 해야 할 무언가에 대한 문제를 회피하는 형태로 '하기 싫어서 안 하는 것'이다. '하기 싫다'는 건 그냥 단순히 귀찮다는 뜻이 아니며, 불안이 주된 요인은 아닐 수 있다는 것을 말한다. 예를 들면 사회불안장애가 있는 사람들은 발표는 하지 않고 과제만 제출하는 것이라면 크게 불안을 느끼지는 않는다. 그들에게는 타인의 시선에 노출되거나 접촉하는 것이 불안 요소로 작용하기 때문이다. 그런데 회피성 성격장애인 사람들은 과제를 내서 평가받는 것이 어렵고 두렵기 때문에 과제를 아예 하지 않는다. 또한 회피성 성격장애는 사회불안장애에 비해 회피 행동이 더 어린 시절부터 시작되고 분명한 유발 사건을 찾기 어려우며, 보여지는 증상들이 더 안정적으로 나타난다.

모든 걸 회피하고만 싶은 사람들

어머니와 함께 생활하고 있는 30대 후반의 남성 C씨. 대학 졸업 후에 아버지에게 유산으로 물려받은 건물 관리를 하고 있다. 건물 관리라고는 하지만 사람들을 만나는 것이 두려워 집 안에서 인터넷뱅킹으로 임대료가 제대로 들어왔는지 확인하고 세금계산서를 발급해주는 것이 하는 일의 전부이다. 임차인들이 건물 문제를 제기하면 어머니가 나서서 해결한다.

C씨는 어렸을 때부터 수줍음이 많았고, 새로운 사람을 만나는 것

이 힘들었다. 집안 행사로 친척들이 C씨의 집을 방문하는 날이면, 옷장 안으로 들어가 숨어 있곤 했다. 그는 어린 시절 '남자답지 못하다', '공부를 못 한다'는 이유로 아버지에게 많이 맞았고, 학교에서도 늘 고개를 숙이고 있어 "바닥에 돈 떨어졌냐"는 비아냥 섞인 놀림을 받곤 했다. 그는 운동이나 공부, 뭐 하나 잘하는 것이 없는 자신을 아무도 좋아하지 않는다고 생각한다. 그래서 사람들의 표정과 사소한 말에도 무시당하는 기분을 느끼며 위축된다. 왠지 사람들이 자신을 싫어할 것 같고, 뭐라고 욕할 것만 같다.

C씨는 아직 여자친구도 한번 못 사귀어봤다. 연애를 하고 싶지만, 낯선 사람을 만나 이야기를 하는 상황을 상상만 해도 힘들기 때문이다. 그나마 자신과 비슷한 성향의 고등학교 친구 한 명, 대학 동기 한 명과 가끔 만난다. 그 친구들과는 농담도 하고, 세상 돌아가는 이야기도 하고, 자신의 처지에 대해 한탄하며 마음을 표현하고 나누기도 한다. C씨는 대중교통을 이용하거나 길을 걸을 때도 사람들의 시선이 무섭다. 누군가와 눈이 마주치면 '바보 멍청이 같은' 못난 자신을 욕할 것만 같아서 핸드폰에 시선을 고정한다.

회피성 성격장애 진단 기준을 알아보자

사회관계의 억제, 부적절감 그리고 부정적 평가에 대한 예민함이 광범위한 양상으로 나타나고, 청년기에 시작되며 여러 상황에서 나타나고 다음 진단 기준 중 네 가지(또는 그 이상)에 해당되어야 회피성 성격장애로 진단한다.

회피성 성격장애의 진단 기준

1. 비판이나 거절, 인정받지 못함 등 때문에 의미 있는 대인 접촉이 관련되는 직업적 활동을 회피함

2. 자신을 좋아한다는 확신 없이는 사람들과 관계하는 것을 피함

3. 수치를 당하거나 놀림 받음에 대한 두려움 때문에 친근한 대인관계 이내로 제한함

4. 사회적 상황에서 비판의 대상이 되거나 거절되는 것에 대해 집착함

5. 부적절감으로 인해 새로운 대인관계 상황에서 제한됨

6. 자신을 사회적으로 부적절하게, 개인적으로 매력이 없는, 다른 사람에 비해 열등한 사람으로 바라봄

7. 당황스러움이 드러날까 염려하여 어떤 새로운 일에 관여하는 것, 혹은 개인적인 위험을 감수하는 것을 드물게 마지못해서 함

Reprinted with permission from the Diagnostic and Statistical manual of Mental Disorders, Fifth Edition, (Copyright 2013). American Psychiatric Association.
한국어판: DSM-5 정신질환의 진단 및 통계 편람(제5판), (주)학지사, 2015

회피성 성격장애를 지닌 사람들은 자신에 대한 타인의 부정적인 평가를 가장 두려워한다. 이들은 자신이 부적절한 존재라는 부정적 자아상을 지니는 반면, 타인을 비판적이고 위협적인 존재로 인지하는 경향이 있다. 따라서 자신이 한 행위의 적절성을 늘 의심하고 남들의 반응을 예민하게 받아들인다. 이들이 겉으로는 냉담하고 무심해 보이지만, 사실은 주변 사람들의 표정과 동작을 주의 깊게 살피는 경향이 크다.

회피성 성격장애자들은 극소수의 친밀한 사람들과 함께 있을 때에는 따뜻하고 편안한 모습을 보이기도 한다. 하지만 타인이 자신을 좋아하고 완전히 받아줄 것이라는 확신이 충분하지 않으면 인간관계를 피하려고 한다. 내면에 애정에 대한 강렬한 소망을 가지고 있는 동시에 거절에 대한 두려움을 지니고 있기 때문에, 심리적인 긴장 상태 속에서 만성적으로 불안, 슬픔, 좌절감, 분노 등의 부정적인 감정에 빠져 있는 경향이 있다. 따라서 회피성 성격장애자들은 흔히 기분장애나 불안장애를 동반하기도 한다.

회피성 성격장애는 흔한 성격장애일까

회피성 성격장애의 유병률은 일반 인구의 0.5~1.0퍼센트이며

공공상담소 마음의 증상을 말하다

정신건강 전문가를 찾은 사람의 10퍼센트 정도인 것으로 보고되었다. 남성과 여성에서 거의 비슷하게 나타나며, DSM-5에 의하면 약 2.4퍼센트이다.

회피성 성격장애를 지닌 사람들은 어린 시절부터 수줍음이 많고 낯선 사람과 새로운 상황을 두려워하며 고립되어 있었던 경우가 많다. 아동기의 수줍음은 일반적으로 성장하면서 사라지지만, 회피성 성격장애로 진행되는 사람들은 오히려 사춘기나 청년기 초기에 수줍음이 증가하고 사회적 관계를 회피하게 된다. 그러나 회피성 성격장애는 성인기에 들어서면서 증상이 약화되고 나이가 들면서 완화되는 경향이 있다.

그들이 회피를 선택한 이유는 무엇일까

회피성 성격장애의 원인을 생물학적 요인으로 위험에 대한 과도한 생리적 민감성을 지니고 있기 때문이라는 주장이 있다. 미래의 위험이나 처벌 같은 부정적 결과가 예상될 때 생리적으로 교감신경계의 흥분이 유발되는데, 회피성 성격장애자는 교감신경계의 생리적 민감성이 과도하여 변연계나 자율신경계의 이상을 가져올 수도 있다는 것이다. 즉, 사소한 위협적 자극에도 교감신경계가 과도하게 활성화되는 것이다.

정신역동적 입장에서는 회피성 성격장애자의 주된 감정을 '수치심'이라고 본다. 이러한 수치심은 자신에 대한 부정적 자아상과 관련 있으며, 수치심이라는 불쾌한 감정으로부터 숨고자 하는 소망 때문에 대인관계나 자신이 노출되는 상황을 회피하게 된다는 것이다. 수치심은 생후 8개월경에 낯선 사람에 대한 불안과 함께 처음 나타나는데, 이후의 성장 과정에서 관계 경험들이 축적되어 병리적 수치심으로 발전하게 된다. 회피성 성격장애자들은 자신의 부모를 수치심과 죄의식을 유발시키는 비판적이고 거부적인 인물로 기억하며, 자기보다 다른 형제를 더 좋아한다고 여기는 경향이 있다.

회피성 성격장애와 의존성 성격장애의
치료를 위해 해야 할 일

불안장애는 평가당하는 것이 싫고, 뭔가 잘못될 것 같을 느낌 때문에 어떤 일을 수행하기 힘들어하지만, 회피성 성격장애와 의존성 성격장애는 아예 '하고 싶다'라는 생각조차 하지 않는다. 또한 자기애적 성격장애나 경계성 성격장애는 무슨 일이 있으면 어찌되었든 자기가 책임을 지며 일을 처리하지만, 회피성 성격장애와 의존성 성격장애는 자기 자신과 자신의 행동을 책임지지 않으려고 한다. 예를 들면 의존성 성격장애를 지닌 대학생이 연애를 한다면 그는 연애하는 상대가 학기 수업 시간표까지 다 짜주기 바랄 정도로 모든 것을 철저하게 의존한다. 자신의 일을 타인에게 맡겨버리는 것이다.

만약 어렸을 때 양육 과정에서 자기를 책임질 수 있는 기회가 없었다면, 그것이 이런 성격장애 발생의 가장 궁극적인 원인일 것이다. 귀한 집 막내나 외동들이 안하무인으로 책임지지 않으려는 모습을 보이는 것은, 어릴 때부터 다른 사람들이 다 해주다 보니 어려운 일이 있으면 회피하거나 의존하면 된다고 생각하기 때문이다.

요즘은 아들이나 딸이 하나인 외동이 많다. 예전에는 부모들이 집안일이 바쁘고 먹고살기도 힘들다 보니 아이를 돌보고 싶어도 돌볼 시간이 많지 않아 아이들은 자립적으로 자랄 수밖에 없었다. 상대적으로 요즘은 예전보다 부모들이 아이와 접촉할 시간이 많다 보니 부족함 없이 많은 것을 챙겨주고 있다. 배고프다는 느낌을 갖지 못할 정도로 계속 음식을 챙겨주고, 심심할 틈이 없을 정도로 장난감을 사준다. 이런 양육 환경에서 자란 아이들은 회피와 의존의 성향을 가지게 될 가능성이 높다.

회피성 성격장애와 의존성 성격장애의 원인이 책임을 지지 않으려는 데 있으니, 그 치료는 작은 일이라도 책임을 져보는 것부터 출발할 수 있다. 책임진다는 것이 어떤 면에서는 멋진 일임을 경험할 수 있도록 도와준다. 회피성 성격장애와 의존성 성격장애는 평가 여부의 문제를 떠나서 먼저 무엇인가를 시작할 수 있도록 독려하는 것, 그리고 그 과제를 끝까지 완수하도록 도와주는 것이 중요하다. 처음에 혼자서 못 하면 옆에서 과제를 끝까지 마칠 수 있도록 도와주다가 차차 스스로 혼자 작은 일이라도 완수하도록 한다. 이런 경험을 통해 자신을 스스로 책임지는 일이 기분 좋고 매우 의미 있는 일이라는 것을 깨닫게 해주는 것이다.

자기 삶에 책임을 지는 것은 감당해야 할 고통도 따르지만, 그만큼 성장했다는 뿌듯함과 자부심을 느낄 수 있는 일이다. 그래서 회피성 성격장애, 의존성 성격장애 또는 성격장애까지는 아니라 할지라도 이런 성향이 있다면, '책임지는 것이 가히 나쁜 일이 아니다. 결국은 내가 책임지는 것이 맞다'는 자각을 하는 것이 무엇보다 필요하다. 결국 자기 자신에 대한 성찰 없이는 어떤 것도 나아질 수 없다. 상담도 사실은 해결책을 가르쳐주는 것이 아니라, 자기 자신을 성찰할 수 있도록 돕는 일일 뿐이다.

6

중독 증상을
말하다

생텍쥐페리의 《어린 왕자 *Le Petit Prince*》에서 어린 왕자가 세 번째 방문한 별에는 술주정뱅이가 살고 있었다. 술주정뱅이에게 왜 매일 술을 마시느냐고 물었더니, "술을 마시는 것이 부끄러워서 그것을 잊기 위해 술을 마신다"라고 답한다. 자기 자신의 모습을 받아들이기 어려워 '술'에 매몰되어가는 모습, 이것이 '중독'이다. 여기서 말하는 중독은 독이 체내에 들어와 납중독, 농약중독처럼 중독(intoxication) 증상을 일으키는 것이 아니라, 정신적으로 어떤 대상이 없으면 견디지 못하는 의존적인 현상이다. 중독 'addiction'의 어원은 라틴어 'addicere'인데, '~에 사로잡히다' '~의 노예가 되다'라는 뜻이다. 어떠한 물질이나 행위에 비정상적으로 집착을 보이고 통제하지 못할 때 결국 그것이 나를 노예로 삼고 통제하게 된다는 의미일 것이다.

우리는 무엇에
중독되는가

중독은 크게 '물질관련 중독'과 '비물질관련 중독'으로 나눈다. 물질관련 중독은 우리가 섭취한 물질이 몸과 마음에 부정적인 영향을 미치고, 그 물질이 없으면 견디지 못하는 상태를 말한다. DSM-5에는 이러한 물질관련 중독을 유발할 수 있는 물질 열 가지로 중독장애를 분류했다. 그런 물질로는 알코올, 타바코, 카페인, 대마계의 칸나비스, 환각제, 흡입제, 아편류, 진정제·수면제 또는 항불안제, 흥분제, 기타 물질(스테로이드, 코르티솔, 카바 등)이 있다. 한편, 비물질관련 중독은 물질로 인한 중독이 아닌 도박, 쇼핑, 섹스, 인터넷 등과 같은 행위에 중독되었을 때를 일컫는다.

병리적인 중독 증상은 단계적 특성을 띠고 있다. 우선 어떤 물질을 갖거나 혹은 행위를 하기 전에 안절부절못하고 온통 그 생각에 빠져 일상생활을 제대로 할 수 없는 갈망 상태가 첫 단계이다. 그다음은 통제력을 상실하는 단계이다. 중독이 된 대상을 갖고 싶지 않을 때 갖지 않고, 행위를 하고 싶지 않을 때 하지 않고, 해서는 안 될 때 하지 않아야 하는데, 이를 자신의 의지로 조절하거나 통제할 수 없게 되는 것이다. 마지막 단계에서는 그에 따른 부정적인 결과에도 불구하고 계속 그 행동을 한다. 예를 들어 술 때문에 건강을 잃었는데도 계속 술을 마시고, 돈을 수천만 원 잃었는데도 불구하고 도박을 계속하는 것처럼 말이다.

그러나 병리적 중독이라는 진단을 내리기 위해서는 자신 또는 타인의 삶에 심각한 영향을 끼치고, 일상적인 생활을 꾸려나가는 데 어려움이 발생하는 정도가 되어야 한다. 예를 들어 어떤 사람에게는 커피의 카페인이 아침에 잠을 깨워주는 역할을 하고 몸에 특별한 이상을 발생시키지 않을 뿐만 아니라, 오히려 커피를 마시지 않으면 집중력이 저하된다고 한다면 이를 중독으로 진단할 수 있을까? 일방적으로 무엇인가를 통제하지 못한다고 해서 다 중독으로 진단하기는 어렵다는 의미이다. 하지만 과도한 커피 섭취 때문에 위염이 생기고 소화불량으로 고생하는데도 불구하고, 커피를 마시지 않으면 힘들고 금단증상이 있다면 이것은 카페인 중독이라고 볼 수 있다.

도박중독 증상을 말하다

    이번 장에서는 중독 중에 비물질중독, 즉 행위중독에 초점을 맞추어보고자 한다. 먼저, 도박중독의 사례를 통해 중독의 특징을 이해해보자.

도박중독자는 어떤 모습일까

20대 후반의 남자 대학생 O씨. 공부에 관심이 없던 그는, 군대 제대 후 사수 끝에 간신히 성적에 맞춰 지방에 있는 모 대학에 입학했으나 재미를 느끼지는 못했다. 전공도 그의 흥미를 끌지 못했고 과 동기들과 나이 차이도 있어 대학 생활 적응이 어려웠다.

처음에 O씨는 아주 우연히 고등학교 친구들과 함께 재미 삼아 스포츠 도박을 하기 시작했다. 스포츠 도박은 따분한 그의 일상에 짜릿함을 주었다. 얼마 후, 친구들의 권유로 불법 사설 스포츠 베팅 사이트에 들어가게 되면서 베팅 금액이 커졌다. 그는 학교도 가지 않고, PC방에서 하루 종일 베팅을 하며 지냈다. 처음에는 돈을 따기도 했지만, 무리한 베팅으로 손해를 보는 금액이 불어났다. 급기야 학교 등록금마저 탕진하고 사채까지 썼다. 1년여가 지나 사채업자의 빚 독촉에 시달리면서 결국은 부모님에게 모든 사실을 털어놓았다. O씨의 부모는 크게 놀랐지만, 다시는 도박을 하지 않겠다는 굳은 다짐을 받고 사채를 모두 갚아주었다. 하지만 그 후에도 O씨는 도박에 다시 손을 대고 말았다.

몇 년 전 나는 도박중독자들의 치유를 위한 프로그램 개발 연구를 진행한 적이 있다. 연구 과정에서 도박중독자의 실태와 양상을 이해하기 위해 최소 3년에서 5년 이상 도박중독자들을 상담해온 국내 도박중독 상담전문가들을 인터뷰했다. 전문가들은 도박중독자들이 도박에 빠질 때, 공통적으로 겪는 한 가지 경험이 있다고 했다. 바로 처음 도박을 시작할 때 돈을 따고 그것이 하나의 자극이 된다는 것이다.

고스톱을 쳐본 사람이라면 대부분 경험했겠지만, 룰을 전혀 모르는 상태에서 가르쳐준 대로 그림만 맞추어서 친 첫판에 돈을 따곤 한다. 그렇게 처음 한 번 이기면 '에이 고스톱 별거 없네'라는 생각이 들고, 돈까지 따니 흥미가 생겨 본격적으로 달려든다. 하지만 적당한 시점에 멈추지 못하면 계속 돈을 잃고, 돈을 잃을수록 약이 오르고, 잃은 돈을 회수하려 하고, 무엇보다 처음의 영광이 자꾸 생각나 도박에 빠지게 된다.

최근의 도박중독 양상은 두 가지로 분명히 나뉜다. 40대 이상의 경우에는 아날로그 방식이며, 20대의 젊은 세대들은 디지털 방식이다. 40대 이상은 대부분 경마, 경정, 파친코, 카지노를 하기 때문에, 적어도 중계소 같은 곳이라도 직접 찾아간다. 그러나 20대들이 가장 많이 하는 사이버 도박은 스마트폰만 있으면 어디에서든 가능하다. 인터넷의 도움으로 국내에서만 머물지 않고 전 세계 모든 스포츠 도박 사이트에 접속할 수 있다. 심지어는 선수도 잘 모르는 사우디아라비아 3부 리그에도 베팅할 수 있다. 사우디아라비아 3부 리그가 끝나고 나면 독일 분데스리가나 영국의 프리미어리그, 스페인의 프리메라리가까지 시차에 따라 경기하는 나라들을 돌아다닌다. 그다음 미국의 야구, 미식축구, 농구 경기도 있다. 그야말로 지구를 한 바퀴 빙 돌면서 모든 경기에 베팅할 수 있기 때문에 24시간 도박이 가능하다.

도박이 이뤄지는 장소에 직접 가야 할 수 있는 소위 아날로그식

6. 중독 증상을 말하다

도박과 달리 스마트폰을 통해 이뤄지는 도박은 접근이 매우 쉽고, 할 수 있는 종류도 너무 많다. 더 위험한 것은 베팅을 하는 데 어떤 장애도 없다는 것이다. 가족과 식탁에서 식사를 하면서, 또는 거실에서 TV를 보면서 스마트폰으로 베팅이 가능하기 때문에 주변 사람들은 단순히 게임을 즐기는지 도박을 하는지 알 수가 없다.

도박중독 상담전문가들이 가장 걱정하는 도박중독은 이러한 온라인 세대들이다. 그런데 이런 상황들이 공식적인 통계에 잘 잡히지 않는 게 대부분이어서 더 큰 문제이다. 경정이나 경마, 카지노와 같은 도박 행위는 통계에 잡히기 쉽고, 분석할 수 있는 방식도 많아 중독을 예방하기 위한 조치들을 고민할 수 있지만, 사이버 도박은 통계마저 제대로 잡을 수가 없다.

도박중독 상담전문가들은 예전의 양상과 너무나 달라진 사이버 도박에 국가적인 차원에서 대처해야 한다고 입을 모은다. 그러나 정부에서 제안하는 인터넷진흥법 등으로는 이 문제를 통제하거나 규제할 수 있는 상황이 아니어서 많은 우려를 하고 있다.

도박중독의 많은 문제는 도박 빚에서 비롯된다. 빚을 갚기 위해 돈을 빌리거나 공금을 횡령하기도 하고 도둑질이나 강도 행위를 하는 경우도 있다. 도박중독에 빠진 여성들 중에는 집에서 쫓겨나 노숙 생활을 하거나 성매매에 빠지는 경우도 있어 심각한 위험에 무방비하게 노출되고 만다. 이렇게 도박중독에서 헤어나지 못하여 가족으로부터 소외되고 사회적으로도 고립되어 좌절과 실패가 반복되면, 우울증에 빠지거나 자살 기도와 같은 극단적인 선택을 하는 등 삶이 너무 피폐해져서 회복 불가능한 상태가 되기도 한다.

중독을 넘어 장애로 분류되는
진단 기준은 무엇일까

새로 개정된 DSM-5에서는 '중독 및 관련 질환(addiction and related disease)'이라는 새로운 카테고리를 만들어 물질중독과 도박을 하나의 범주로 묶어 논의하고 있다. 여기서 한 가지 분명히 달라진 점은 도박중독을 중독이 아니라 장애로 분류하고 있다는 것이다. 지속적이고 반복적인 문제적 도박 행동이 임상적으로 현저한 손상이나 고통을 일으키고, 지난 12개월 동안 아래 아홉 가지 항목 중 네 가지 또는 그 이상이 나타나면 진단 기준에서 도박장애로 진단한다.

도박장애의 진단 기준

1. 원하는 흥분을 얻기 위해 액수를 늘리면서 도박하려는 욕구

2. 도박을 줄이거나 중지시키려고 할 때 안절부절못하거나 과민해짐

3. 도박을 조절하거나 줄이거나 중지시키려는 노력이 반복적으로 실패함

4. 종종 도박에 집착함(예: 과거의 도박 경험을 되새기고, 다음 도박의 승산을 예견해 보거나

   계획하고, 도박으로 돈을 벌 수 있는 방법을 생각)

5. 괴로움(예: 무기력감, 죄책감, 불안감, 우울감)을 느낄 때 도박함

6. 도박으로 돈을 잃은 후, 흔히 만회하기 위해 다음날 다시 도박함(손실을 쫓아감)

7. 도박에 관여된 정도를 숨기기 위해 거짓말을 함

8. 도박으로 인해 중요한 관계, 일자리, 교육적·직업적 기회를 상실하거나 위험에 빠

   뜨림

9. 도박으로 야기된 절망적인 경제 상태에서 벗어나기 위한 돈 조달을 남에게 의존함

Reprinted with permission from the Diagnostic and Statistical manual of Mental Disorders,
Fifth Edition, (Copyright 2013). American Psychiatric Association.
한국어판: DSM-5 정신질환의 진단 및 통계 편람(제5판), (주)학지사, 2015

심각도도 명시하고 있는데, 아홉 가지 기준에서 다섯 가지에 해당되면 경도, 여섯 개에서 일곱 개는 중등도, 여덟 개에서 아홉 개는 고도 도박장애로 판단한다.

DSM-5에서는 진단 기준 마지막 부분에 도박 행동이 조증으로는 설명되지 않는다는 기준을 제시하고 있다. 조증은 우울증과 반대되는 증상으로 심하게 흥분하고 과도한 자신감을 가지는 상태가 되는데, 그런 상태에서 도박에 몰두할 수도 있다. 하지만 조증으로 인한 단기적 도박 몰입은 도박장애로 진단하지 않는다는 뜻이다.

나도 혹시 인터넷 게임중독?

　도박과 함께 인터넷 게임중독 역시 큰 문제라는 데 많은 이들이 동의하고 있다. 하지만 DSM-5의 비물질중독 부문에서 집필자들 사이에서 많은 논란이 되었던 부분이 바로 인터넷 게임중독이다. DSM-5에서는 정식 진단이 아닌 부록으로 빠지게 되었지만, 인터넷 게임중독은 최근 급격하게 확산되고 있는 사회적인 문제이기도 하니 진단 기준을 한번 살펴볼 필요가 있다.

　지난 12개월 동안 지속적이고 반복적인 인터넷 게임 사용이 임상적으로 심각한 장애 혹은 고통을 야기하며, 다음 진단 기준 중 다섯 개 이상인 경우에 인터넷 게임장애라고 볼 수 있다.

인터넷 게임장애 진단 기준

1. 인터넷 게임에 대한 몰두(이전 게임 내용을 생각하거나 다음 게임 실행에 대해 미리 예상함. 인터넷 게임이 하루 일과 중 가장 지배적인 활동이 됨)

    [주의점: 이 장애는 도박장애 범주에 포함되는 인터넷 도박과 구분된다.]

2. 인터넷 게임이 제지될 경우에 나타나는 금단증상(이러한 증상은 전형적으로 과민성, 불안 또는 슬픔으로 나타나지만, 약리학적 금단증상의 신체적 증후는 없음)

3. 내성: 더 오랜 시간 동안 인터넷 게임을 하려는 욕구

4. 인터넷 게임 참여를 통제하려는 시도에 실패함

---

5. 인터넷 게임을 제외하고 이전의 취미와 오락 활동에 대한 흥미가 감소함

6. 정신사회적 문제에 대해 알고 있음에도 불구하고 과도하게 인터넷 게임을 지속함

7. 가족, 치료자 또는 타인에게 인터넷 게임한 시간을 속임

8. 부정적인 기분에서 벗어나거나 이를 완화시키기 위해 인터넷 게임을 함(예: 무력감, 죄책감, 불안)

9. 인터넷 게임 참여로 인해 중요한 대인관계, 직업, 학업 또는 진로 기회를 위태롭게 하거나 상실함

Reprinted with permission from the Diagnostic and Statistical manual of Mental Disorders, Fifth Edition, (Copyright 2013). American Psychiatric Association.
한국어판: DSM-5 정신질환의 진단 및 통계 편람(제5판), (주)학지사, 2015

인터넷 게임중독은 최근 청소년들에게 널리 퍼진 현상이고, 이 때문에 부모들은 고민이 많다. 온라인에서 인터넷중독 진단 척도 관련 자료를 쉽게 구할 수 있으니, 이 자료를 바탕으로 부모와 자녀가 함께 이야기해보는 것도 좋을 것이다.

그런데 최근의 경향을 보면 아이들보다 성인, 심지어 자녀가 있는 부모들, 특히 아버지들의 인터넷게임 중독도 무시할 수 없는 심각한 현상이 되었다. 스마트폰으로 하는 게임에는 성인 여성들도 많이 집착하고 있다.

도박장애는 남의 일이기만 할까

미국에서는 도박장애 유병률이 인구의 1~4퍼센트 정도로 나타난다. 우리나라는 2014년 사행산업통합감독위원회 조사에 따르면 중등도 도박장애가 3.9퍼센트, 문제성 도박장애는 1.5퍼센트로 나타났다. 백 명 중에 네 명 정도는 중등도, 백 명 중에 1.5명은 아주 심각한 도박장애를 보인다는 것이다. 응답자 특성별로 유병률을 살펴보면, 남자의 유병률이 8.9퍼센트(중위험 6.1퍼센트+문제성 2.8퍼센트)로 여자의 유병률 2.0퍼센트(중위험 1.8퍼센트+문제성 0.2퍼센트)보다 약 4.5배 높게 나타났다. 연령별로는 사회경제 활동이 활발한 30~50대에서 유병률이 상대적으로 높게 나타났으며(30대 6.8퍼센트, 40대 6.5퍼센트, 50대 6.2퍼센트), 사회경제 활동이 활발하지 않은 20대 및 60대 이상에서 비교적 낮게(20대 4.2퍼센트, 60대 이상 3.5퍼센트) 나타났다.

그런데 이러한 조사는 경마, 경정, 카지노와 같은 집계가 가능한 도박을 하는 사람들을 대상으로 실시되었다. 이에 비해 드러나지 않는 하우스 도박, 불법 인터넷 도박, 해외 카지노 등까지 조사한다면 더 많은 수가 도박장애로 집계될 것이다. 사실 위험한 것은 이러한 불법 도박이다.

많은 사람들이 도박중독이라고 하면 다른 사람의 이야기라고 생각하는 경향이 있는데, 인터넷 게임중독에 빠진 청소년들이 성장해서 스포츠 도박이나 인터넷 도박에 빠질 가능성이 높으니 주변에서 잘 살펴봐야 한다.

우리는 왜 중독에 빠지는 걸까

사람들은 왜 무언가에 빠지게 될까? 다시 말해 중독의 원인은 무엇일까? 여러 가지 원인을 꼽지만 그중 최근 주목받고 있는 것은 뇌 신경계 관련 연구들이다.

1950년대 제임스 올즈(James Olds)와 피터 밀너(Peter Milner)는 쥐의 뇌 여러 부분에 다양한 전기 자극을 주는 장치를 해서, 쥐가 스스로 지렛대를 누를 때마다 신경계에 자극이 가도록 하는 실험을 진행했다. 대부분의 쥐가 지렛대를 누르면 전기 충격으로 인해 펄쩍 놀라 뛴다거나 괴로워했는데, 뇌의 특정 부분에 전기를 연결한 쥐는 스스로 전기 스위치를 천 번 넘게 계속 누르는 결과가 나왔다. 연구진들은 뇌의 이 부분이 바로 쾌감을 느끼는 부위라는 것을 발견했고 그 부분을 쾌락중추, 또는 보상중추라고 부르게 되었다. 또한 이 부분을 자극하면 도파민이라고 하는 신경전달물질이 분비된다는 것도 발견했다.

도파민은 우리 몸의 신경전달물질 중 하나로 많은 기능을 담당하고 있는데 무엇보다 '쾌락중추'로 잘 알려져 있다. 어떤 행동에서 즐거움을 느꼈다면, 뇌에서 도파민이 분비되고 있는 것이다. 어떤 행동의 보상이 아니더라도 뇌의 도파민중추를 전기로 자극하면 즐거움을 느끼게 된다. 중독의 원인을 뇌신경계와 연결 짓는 입장에서는 중독이 뇌에 보상중추, 쾌락중추와 연관이 있고, 그 부분을 계속 자극시키기 때문에 좀 더 많은 즐거움, 쾌락, 보상을 얻기 위해서 그같은 행동을 한다고 본다.

비물질중독, 즉 행위중독은 사회적 요인을 중요한 원인으로 지적한다. 예를 들면 도박중독이나 쇼핑중독, 인터넷중독은 아프리카 오지에서 사는 사람들에게서는 좀처럼 발견되지 않는 것이다. 접근 자체가 가능하지 않은 환경이기 때문이다. 자본주의적 소비문화가 이러한 중독을 심화시킨다고 짐작할 수 있다.

알랭 드 보통의 《불안Status Anxiety》에 보면 지위 불안을 다룬 이야기가 등장한다. 지위를 얻기 위해서 그에 걸맞는 소비를 해야 하고, 그것으로 다른 이들로부터 인정을 받고 사랑을 받는다는 내용이다. 2000년대 초반 신용카드가 남발되어 카드빚이 사회적 문제가 된 적이 있다. 이밖에도 명품이나 과소비를 조장하는 사회 문화적인 환경이 행위중독에 영향을 미친 것으로 보인다.

우리나라의 경우 일중독을 이야기하지 않을 수 없다. OECD 연평균 노동 시간이 1,770시간인데 비해 우리나라는 2,193시간으로 조사되었다. 야근을 조장하는 사회적인 분위기나 성과주의 시스템을 문제로 들 수도 있다. 그보다 근본적으로는 IMF 경제위기 이후 몰아닥친 구조조정과 정리해고 등 불안정한 고용 상황에서 경제적인 불안과 위기의식이 장시간 근로를 강제한다고 볼 수 있다. 이러한 사회 문화적 환경들이 행위중독을 부추기는 큰 요인일 것이다.

지금까지 살펴본 도박중독의 원인은 뇌신경계의 문제와 사회 환경적인 요인들이었다. 그런데 기질적인 문제도 접근해볼 필요가 있다. 일단 여성보다는 남성이 중독에 빠질 확률이 훨씬 높다고 한다. 또한 나이가 많은 사람보다는 젊은 사람이 중독에 빠질 가능성이 높다. 아무래도 판단 능력이나 사회적 경험이 부족하기도 하고, '통제력 착각'이라는 요소도 있다. 통제력 착각이란 자신의 통제력을 과신하여 언제든 자신을 통제할 수 있다고 생각하는 것이다. 또 다른 기질적 요인으로는 무딘 사람보다는 예민하고 감각적인 성향의 사람이 도박에 빠질 가능성이 좀 더 높다. 감각적인 것을 선호하는 사람들이 중독에 대한 취약성이 높다는 것을 시사한다.

도박에 중독되는 행위에 대해, 심리학의 애착이론은 이렇게 설명한다. 중독이라는 것은 어떤 물질이나 행위에 집착하게 되는 것이 첫 번째 단계인데, 그 집착이라는 것이 쉽게 말하면 굉장히 강한 애착이 형성되는 것이라고 볼 수 있다. 애착이란 엄마와 아빠와 같은 주요 양육자와 아이 사이에서 생기는 강렬한 유대적인 정서를 가리킨다. 인간은 태어날 때부터 부모의 도움이 없으면 살아남을 수 없고, 본질적으로 타인과 관계를 맺으며 살아가려는 욕구가 있다. 어떤 이유에서든 애착이 잘 형성이 되지 않으면, 자기 이미지가 제대로 형성되지 않고 이미지가 형성되더라도 부정적인 방식일 경우가 많다.

'나는 열등하고 찌질하고 세상 누구도 나를 좋아하지 않아'라며 자신을 부정적으로 받아들이게 되면, 타인과 관계를 맺는 데 두려움을 갖고 자기 안으로만 들어가기 마련이다. 그런 상황이 고착되면 기본적인 관계 욕구를 채우지 못하고, 정서적인 공허감을 느낄 수밖에 없다. 정서적인 공허감의 자리에 중독이 들어올 확률이 높다. 중독 물질이나 중독 행위에서 위안을 얻게 된다는 것이다.

물론 이것만으로는 중독 행위에 대한 충분한 설명이 되지 못한다. 각 중독자마다 개인적인 특성도 다르고 중독에 빠지는 경로도 다 다르기 때문이다. 하지만 분명한 것은 그들은 자극에 자신들을 계속 노출시키고 싶어 하며, 현실에서 도피하기 위해 그 행위를 계속한다는 것이다. '힘든 현실에서 빠져나와, 즐겁고 재미있는 자극적인 경험을 계속 제공하는 행위에 빠져 있다'는 말을 간단하게 줄이면, 아직 정신이 아이 상태에 머물러 있다는 뜻이다.

마음만 먹으면 끊을 수 있다?

중독이 일상에서 문제가 되는 것은 개인이 이를 통제할 수 없고, 그 때문에 일상을 제대로 영위할 수 없기 때문이다. 그중에서도 도박중독은 그 피해가 너무나 심각하다. 그런데 도박장애자들은 모두 한결같이 자신은 장애가 아니라고 생각한다. 마음만 먹으면 얼마든지 도박을 끊을 수 있다고 자신하기 때문이다. 술 취한 사람이 취하지 않았다고 우기거나 흡연자가 자신은 언제든 담배를 끊을 수 있다고 말하는 것처럼.

도박장애 치료의 첫걸음이자 제일 중요한 것은 본인이 도박장애자라는 걸 인정하는 일이다. 그것을 인정해야 치료를 받거나 마음을 열고 상담을 진행할 수 있다.

도박은 확률상 계속할수록 돈을 잃을 수밖에 없다. 그래서 도박장애는 다른 장애보다 경제적인 피해가 엄청나며, 주변 사람들에게까지 경제적으로 피해를 주는 경우가 많다. 도박중독 상담센터에 오는 중년 남성들의 경우, 부채 규모가 기본 1억 이상이다. 경제적인 상황은 파산 상태가 대부분이다.

그런데 한 가지 흥미로운 양상은 남성 중독자의 경우 도박을 해서 채무가 발생하면 어머니나 배우자가 이를 변제하기 위해 애쓴다는 점이다. 어머니는 아버지 몰래 어디 가서라도 돈을 융통해오고,

아내는 친정에 돈을 빌려서라도 어떻게든 빚을 갚아준다. 그러나 이 같은 일이 보통 한 번으로 끝나지 않고 몇 년 단위로 반복되고, 더 이상 감당할 수 없게 되었을 때 그제야 상담을 받으러 오는 경우가 대부분이다.

하지만 기혼 여성이 도박에 빠져 빚을 지거나 파산하면 대부분 가족으로부터 외면받거나 이혼 당한다. 정선 카지노 주변에서 이런 여성들을 종종 볼 수 있다. 그런데 도박중독 여성들은 상황이 굉장히 취약하기 때문에 돈을 빌리기 위해 우리가 상상할 수 있는 안 좋은 일을 하기도 하고, 여러 가지 위험한 일을 당하기도 한다. 따라서 도박중독 여성에게는 주변의 올바른 도움이 더욱 절실하다.

강원도 카지노 상담센터에서는 도박중독 여성에게 상담을 권유해봤자 도움이 되지 않는다는 사실을 알고, 그들이 와서 뜨개질하고 차를 마시며 그저 쉴 수 있는 휴게실을 마련해놓았다. 그리고 여행을 보내주고 친분을 쌓으며, 지속적으로 상담센터에 방문하여 많은 시간을 보낼 수 있도록 유도한다. 이렇게 관계를 맺으면서 상담을 진행하고 자신의 도박장애를 인지하도록 하는 것이다. 이들에겐 지금 도박이 필요한 것이 아니라, 사람이 필요하고, 관계가 필요하고, 무엇보다 돌봄이 필요하기 때문이다.

중독에서 빠져나오려면

　도박중독에 빠진 사람들은 스스로 중독임을 인정하는 것은 쉽지 않고, 그만큼 치료에 응하지도 않는다. 상담을 권유해도 당연히 잘 응하지 않는데, 설령 상담을 하더라도 상담사에게 제일 많이 하는 질문이 어떻게 하면 채무를 면제받을 수 있는가이다. 아니면 가족이 빚을 변제해주겠다는 조건을 걸면 마지못해 오기도 하는데, 그렇게 몇 번 상담을 받다가 돈을 갚아주면 다시 상담실에 나타나지 않는 경우가 많다. 그래서 많은 도박중독 상담전문가들은 근본적인 치유가 가능하려면 가족들이 도박중독자들로부터 독립해야 된다고 입을 모은다. 도박중독자를 격리시키는 게 아니라 가족들이 도박중독자에 대한 의존으로부터 독립해야 된다는 것이다.

　아내가 도박중독에 빠진 남편의 빚을 갚아주는 이유는 남편에 대한 의존이 강하기 때문이다. 도박중독에 빠진 자식의 빚을 갚아주는 어머니 역시 마찬가지다. 행여 자식이 잘못될까 봐 빚을 갚아준다고 하지만, 실은 정서적인 의존이 자리하기 때문이다. 그래서 도박중독자의 의존을 멈추게 하는 것보다 가족들이 도박중독자로부터 독립하는 것이 먼저다.

　또한, 전문가들은 도박중독자들에게 '도박 자조 모임'에 참여할 것을 권유한다. 자조 모임을 통해 서로 지지해주기 때문에 혼자가 아니라는 것도 알게 되며, 같은 어려움에 놓인 사람들끼리 가족과는 다른 방식의 관계를 맺는 경험을 할 수 있다. 각 지역마다 다른 요일에 자조 모임이 열리는데, 이 모임을 적극적으로 이용하는 사람은 일정에 맞추어 매일 자조 모임을 찾아다니기도 한다. 이렇게 매일 자조 모임에 참석하다 보면 도박으로부터 자연스레 멀어지고, 의지를 다질 수 있다고 한다. 사실 도박장애자들이 치료 이후 재발하여 도박에 다시 빠지는 이유 중 하나는 '할 일이 없고, 심심해서'이다.

도박중독자 치료 프로그램 개발을 위해 남편이 도박장애를 앓고 있는 부부 여섯 쌍을 대상으로 1박 2일간의 프로그램을 진행해보았다. 프로그램 중에 만다라를 만드는 세션이 있었다. 파스텔 가루로 색깔을 입힌 모래로 둥근 꽃문양이나 도형의 만다라를 정교하고 예쁘게 채워 완성하는 작업이었다. 50~60대 분들이 다리가 아픈데도 불구하고 몇 시간씩 작업에 열중했고, 세션을 끝내며 모두들 의미 있었다며 흡족해했다. 작업을 마치고 소감을 묻자 여러 명이 동시에 "우리가 집중은 잘합니다"라고 말했다. 이 말을 듣고 도박장애자들에게 도박에 몰입하는 대신 다른 생산적인 것에 몰입할 수 있는 계기를 만들어준다면 치료에 도움이 될 거라는 생각이 들었다.

성중독, 인터넷중독, 알코올중독 등에도 적용이 가능할 것이다. 위험하고 소모적인 중독 대상이 아니라 생산적이고 회수할 수 있는 대상을 찾아 몰입할 수 있다면, 중독에서 벗어나는 것뿐 아니라 생활에도 도움이 되지 않겠는가.

삶이 팍팍해지면서 많은 사람들이 위안이 될 만한 대상을 찾는다. 매주 로또를 사며 인생 역전을 꿈꾸는 것도, 주식 시황판을 뚫어져라 바라보며 어디에 돈을 투자해야 대박을 터트릴 수 있을까 궁리하는 것도 그 때문일 것이다(도박중독 전문가들은 주식 또한 도박으로 보고 있다). 물론 도박에 빠진 사람들 중에는 교수, 의사처럼 안정적인 직업을 가지고 있거나 자산이 많은 사람도 있다. 그러나 그보다 더 많은 중독자들은 평균 수입이 300만 원 미만이다. 경제적 빈곤은 삶을 고단하게 느끼게 할 것이다.

정신분석적 이론으로 도박중독을 설명하자면 '문제에 대한 마법적 해결 소망'이라고 할 수 있다. 힘든 삶을 마법처럼 한 방에 해결하고 싶어 하는 것이다. 그러나 알다시피 인생이 한 방에 역전되는 일은 거의 없다. 물론 로또에 당첨되어 인생이 달라졌다는 뉴스를 접하며 나도 그럴 수 있지 않을까 하는 마법 같은 해결을 꿈꿀 수도 있지만, 이는 정말로 드문 일이다. 그러니 하루하루 자신의 삶을 성실하게 꾸려나가는 것이야말로 도박중독의 위험에 빠지지 않는 가장 좋은 방법일 것이다.

성중독 증상을 말하다

이번에는 성중독으로 주제를 옮겨보자. 성중독이라 하면 성행위를 너무 좋아하거나 변태적인 성행위를 하는 것으로 오인하기 쉽다. 그러나 '중독'이라는 행위가 지닌 특징들이 그러하듯, 성을 지나치게 탐닉하고 과도하게 몰두해서 일상생활에 문제가 일어났음에도 불구하고 스스로 조절이 되지 않을 경우를 성중독이라고 한다.

사례를 통해 성중독을 이해해보도록 하자.

정신적 허기 때문에 성에 탐닉하는 사람들

직장 새내기 여성 B씨는 작년에 입사한 회사에 아직 적응을 하지 못해 고민이 많다. 대학교 때와는 다른 회사 분위기에서 동료들과의 관계도 힘들고, 회사 일도 버겁다. 월급날을 기다리며 버티기는 하지만, 다 버리고 도망치고 싶을 때가 한두 번이 아니다. 그럴 때마다 B씨는 몰래 성적인 공상을 하거나 인터넷에서 음란물을 보는 것으로 스트레스를 풀었다. 최근에는 랜덤 채팅을 통해 만난 남성들과 하룻밤 관계를 맺는 일이 점차 늘어나게 됐다. 안전하지도 않고 위생상의 위험도 있지만, 스트레스를 받을 때나 외롭다고 느껴질 때엔 자기도 모르게 어느새 채팅 사이트에 접속을 하고 있다. 하지만 이런 사실을 부모님이나 친구들에게 의논할 수도 없고 들킬까봐 두렵다.

최근엔 회사 업무에 집중하지 못해 상사로부터 지적을 받는 일이 많고, 그로 인한 스트레스 때문에 다시 성에 탐닉하는 악순환이 계속되고 있다. 조금만 스트레스를 받고 짜증이 나면 곧바로 음란물을 보면서 자위를 하거나 낯선 남자를 찾는 자신이 한심하고, 그렇게 성관계를 하고 나면 항상 후회와 자책감이 밀려와 괴롭지만 이 굴레에서 벗어날 수 있는 방법을 모르겠다. B씨는 항상 이번이 마지막이라고, 앞으로는 절대 하지 않겠다고 다짐하고 노력해보지만 번번이 실패했다.

요즘 부쩍 더 성인, 청소년, 기혼, 미혼 가릴 것 없이 인터넷 성매매나 원나잇스탠드 같은 위험한 성행위를 서슴지 않는다는 뉴스나 주변 이야기를 빈번하게 접한다. 위험한 성행위라고 하는 이유는 성매매나 원나잇스탠드 등으로 인해 성병에 감염이 되거나, 자신도 모르게 동영상이 촬영되어 유포되거나, 폭력 등에 노출될 확률이 크기 때문이다. 특히, 다수의 섹스 파트너를 가진 사람들은 여러 가지 바이러스들을 여러 사람에게 옮길 수도 있으므로 성중독이 지닌 위생상의 문제도 심각하다.

성중독은 DSM-5에는 없는 관계중독이지만, 나의 임상 경험으로 볼 때 정신적 허기 상태에 빠진 사람들에게서 흔히 발생하는 증상이다.

성중독은 먼저 중독자에게 성에 대한 개인적인 역사가 있는지 살펴보아야 한다. 성중독을 보이는 사람을 보면 대체적으로 성에 대한 억압이 본인이 아니라 외부로부터 주어졌고, 대개 어릴 때부터 그런 경험을 했을 확률이 높다. 정신분석에서는 인간의 정신병리는 기본적으로 억압에서 비롯되었다는 시각을 갖고 있기 때문이다. 무엇인가 억압된 것이 있고 그것이 표출될 때 억압하려던 에너지가 과도할수록 표출되는 방식도 왜곡되어 나타날 수 있다는 것이다. 병리적인 증상이 아니더라도 혹시 중독적인 성향이 있다면 자신이 무엇을 가장 억압하고 있는지 탐구해볼 필요가 있다.

중독의 유혹에 대처하는
우리의 자세

중독 상태에 있는 사람들은 자기 비난에 익숙하다. 하지만 중독에서 벗어나려면 자신에 대한 비난을 멈추고, 일단 그 상태의 나를 그대로 바라봐야 한다. 내가 무엇을 하고 있는지, 중독 행위가 나에게 주는 의미는 무엇인지, 내 안에 어떤 공허감이 있는지 살펴본다. 중독 행위를 멈추지 못하는 자신을 비난하는 데 에너지를 쓰기보다 자신을 어떻게 돌봐야 하는지에 더 집중하라는 것이다.

지금까지 도박중독, 인터넷중독, 성중독에 대한 이야기를 나눴는데, 중독에 대한 주제를 좀 더 이야기하기 위해 DSM-5에는 없는 중독 몇 가지를 예로 들어야겠다. 요즘 남녀노소를 막론하고 많은 이들이 관계중독, 사랑중독에 빠져 있다는 생각이 든다. 하지만 정작 그들은 관계와 사랑을 가장 중요시 여기는 것 같지는 않다.

이런 질문을 한번 해본다. 중독자들은 중독되는 대상, 즉 알코올 중독자는 알코올을, 도박중독자는 도박을, 성중독자는 상대의 몸과 마음을, 쇼핑중독자는 명품 가방을 진정으로 사랑하는 것일까? 그렇다면 왜 알코올중독자는 알코올을 애증하고, 도박중독자는 도박하는 것을 숨기며, 쇼핑중독자는 구매한 물건을 창고에 처박아두는 것일까? 정말로 사랑한다면 사랑하는 대상을 아끼고 돌보고 음미해야 한다. 허기진 사람이 맛을 음미하지 않고 무조건 많은 음식을 입에 욱여넣는 것처럼, 중독 대상을 사랑하는 것이 아니라 공허하기 때문에 강박적으로 탐하는 것인지도 모른다.

일례로 관계중독에 빠진 사람들은 기혼자임에도 불구하고 배우자가 아닌 다른 이성과 연애를 하고 성관계를 맺는다. 그렇다고 그들이 이혼을 염두에 두는 것도 아니다. 배우자는 배우자대로 고이 모셔둔 채, 한 번에 여러 명의 애인을 두거나 또는 몇 개월도 지나지 않아 대상을 바꿔가면서 연애를 한다. 이들이 진정 상대를 사랑하는 것일까, 아니면 자기 자신에게 탐닉하는 것일까? 이렇게 무엇을 흡입하거나 물건을 소유하는 것처럼, 누군가를 통해서만 자기 존재를 확인받을 수 있다고 믿는 사람들은 관계중독자라고 말할 수 있다.

무언가에 중독되어 있다고 하면 그것을 너무 좋아하는 것처럼 보이지만 그들은 그것을 진정으로 좋아하거나 필요로 하지 않는 것 같다. 사실은 정말 내가 필요한 것이 무엇인지 보지 않기 위해서 중독된 대상에 몰입하는 것인지도 모른다. 《어린 왕자》에 등장하는 술주정뱅이가 어린 왕자에게 술 취한 모습이 부끄러워서 술을 마신다고 고백한 것처럼 말이다. 정말 자신에게 무엇이 필요한지를 들여다볼 수 있는 용기가 절실히 필요하다.

공공상담소 마음의 증상을 말하다

7

망상장애 증상을
말하다

비틀즈의 멤버인 존 레논은 평소 그를 광적으로 좋아했던 한 팬의 총에 숨을 거두었다. 그 광팬은 "존 레논을 죽이면 내가 유명해질 것 같아 그를 죽였다"고 고백했다. 이렇게 현실과 전혀 다른 사실을 꿈꾸는 것을 망상이라고 한다. 그리고 이러한 망상이 현실을 부정하고 잘못된 사실을 실제로 받아들이게 되는 단계라면 '망상장애'에 해당된다.

유독 어떤 한 가지 부분에서 잘못된 비현실적인 믿음(망상)을 갖는 특징이 있는 망상장애는 비교적 심한 정신장애에 속한다. 그럼에도 불구하고 망상장애를 가진 사람들은 일상생활을 잘 영위해나간다. 망상 증상을 제외하고 환각이나 기이한 언행, 자폐증 같은 증상이 없기 때문에 자세한 상황을 모르는 사람의 눈에는 완벽하게 정상적으로 보이기 때문이다. 심지어 성실하고 모범적인 사람으로 인정받곤 한다.

이렇게 망상장애를 지닌 사람들은 사회생활에 크게 문제가 없고 병리적인 기준에 잘 부합되지도 않기 때문에, 본인은 물론 주변 사람들은 망상장애의 문제를 크게 인식하지 못하곤 한다.

망상장애의 한 유형인 의처증, 의부증을 가진 사람들 중에는 주변 사람들에게 배우자를 굉장히 사랑하고 챙긴다는 평가를 받는 사람도 있다. 그러나 그들의 배우자는 실제 피가 마르는 고통을 겪고 있다. 의처증, 의부증을 지닌 사람들은 도저히 대화가 되지 않고, 납득을 시킬 수 없으며, 상대방이 상황을 해결하기 위해 설명을 하면 할수록 도리어 반박의 논리를 더 정교하게 만들어나간다. 그러다가 증상이 심해져 가정 폭력이 일어나고, 가정이 파탄되는 지경에 이르러서야 문제가 드러난다.

피해형 망상의 경우도 평상시에는 증상이 잘 드러나지 않다가 다른 사람에게 폭력을 휘두르거나 법적인 문제를 일으킬 때에야 증상이 알려지곤 한다.

사랑하고, 질투하고,
적대적이고, 과대평가하고……
다양한 망상

　망상장애를 지닌 사람들은 대체로 단정해 보이고 일반 사회생활에 문제가 없어 보이나, 조금만 깊게 관계를 맺어보면 의심이 많고 적대적이며 편파적임을 알 수 있다. 그들의 망상의 형태는 조직적이고 체계적이며 복잡한 경우가 많다. 기억력이나 지적인 능력에는 문제가 없으며 자신의 병을 대부분 부정한다. 가끔 망상 내용에 따라 폭력을 행사하기도 하고 자해를 하는 등의 충동성을 보일 때도 있다.

　망상장애는 그 망상의 내용에 따라 분류(하위 유형)하여 진단하는데, 색정형(애정형), 과대형, 질투형, 피해형, 신체형, 불특정형이 있다.

　먼저, 색정형 망상장애는 단어에서 드러나는 것처럼 자신이 아는

공공상담소 마음의 증상을 말하다

어떤 사람이 자신과 사랑에 빠졌다고 굳게 믿는 것이다. 사랑에 빠졌다고 생각하는 상대는 보통 유명인이나 연예인처럼 잘 알려진 사람들, 즉 선망의 대상인 경우가 많다. 일반적으로 봐서 애정 관계를 형성할 가능성이 거의 없는 사회적 명예나 지위가 높은 사람이 자신을 사랑한다고 믿는다.

대학생의 경우 '교수님이 날 너무 사랑한다'고 하기도 하고, '직장 상사가 날 너무 사랑한다'고 믿는 직장인도 있다. 특히, 연예인이 색정형 망상장애의 대상이 많이 되는데, 보통은 팬으로서 팬심에서 하는 행동으로 오해하고 용납하기 쉽다. 그러나 일반적인 팬들은 '나는 그 연예인을 좋아하지만 그 사람은 나를 모른다'는 것을 인지하고 있다. 그러나 색정형 망상장애는 '그 사람도 나를 좋아한다'고 생각하는 것이다. 이 부분이 색정형 망상장애의 가장 큰 특징이다. 이들은 그 대상과 접촉하기 위해 노력하는데, 대개 전화, 편지, 선물, 방문, 조사는 물론 미행을 하기도 한다.

색정형 망상장애 증상은 여성의 비율이 높기는 하지만, 남성이 색정형 망상장애일 경우 상대를 직접 추적하거나 흔히 스토커라고 부르는 행동을 하는 등 좀 더 적극적이기 때문에 여성 색정형 망상장애자보다 눈에 잘 띈다.

과대형 망상장애는 남들이 모르는 아주 위대한 재능이나 통찰력을 지녔다고 자신을 과대평가하는 것이다. 또는 자신이 중요한 사람과 특별한 관계에 있다고 생각하기도 한다. 그 중요한 사람은 실제 인물일 수도 있고 가상의 인물일 수도 있다. 또는 종교적일 수도 있어 신성과 특별한 관계에 있거나 종교 집단의 지도자가 된다는 망상을 갖기도 한다.

실제로 우리 사회에는 본인이 예수의 아들이라고 하거나 20세기의 예수라고 주장하는 사람들이 종종 있다. 심지어 그들은 굉장한 교세를 가지고 엄청난 부와 명예를 얻고 있다. 그래서 과대형 망상장애는 사회적으로 가장 큰 파장을 일으킬 수 있는데, 다행히 흔하게 나타나는 정신장애는 아니다.

질투형 망상장애는 배우자나 연인을 지나치게 의심하고 독점하려고 한다. 우리가 알고 있는 소위 의처증, 의부증이 이에 해당된다. 상대를 너무 사랑해서 집착한다고 생각할 수도 있지만, 당하는 사람은 고통을 호소할 뿐이다. 그들은 옷차림의 흐트러짐 같은 사소한 것을 '증거'로 삼아 망상을 정당화한다. 그리고 배우자의 부정을 밝혀내려고 점점 더 압박해나간다.

질투형 망상장애자들의 논리는 굉장히 정교해서 상대방의 행동이나 말투 중 사소한 것 하나를 가지고도 자신이 생각하는 내용의 증거를 탄탄하게 만들어낸다. 예를 들어 밖에 바람이 불어서 옷매무새가 살짝 흐트러진 것을 보고 "도대체 누구와 자고 왔느냐"라며 몰아세우고, 평상시처럼 샤워를 해도 "요즘 왜 이렇게 샤워를 자주 하느냐, 바람난 게 아니냐" 하고 따진다. 집 안 청소가 깨끗하게 되어 있으면 "누군가 들어왔던 흔적을 지우려 그랬느냐"라고 억지를 부린다. 상대방 입장에서는 말도 안 되는 이야기지만 본인은 사실이라고 철석같이 믿고 추궁한다. 그러나 이런 사람일수록 절대 이혼을 하거나 헤어지려 하지는 않는다.

피해형 망상장애는 가장 흔한 형태로, 다른 사람들이 의도적으로 교묘한 방법을 써서 자신에게 피해를 주거나 또는 악의적으로 자신을 괴롭히고 있다는 망상을 하는 것이다. 사람들이 자신에게 많은 피해를 주고 있다고 믿기 때문에 계속 소송을 해서 '고소왕'이라는 별명이 붙은 사람도 있다. 이런 사람들은 계속 상대방을 원망하고 화내고 분노한다. 자신이 피해자이고 상처를 받았다고 생각하기 때문에 자신을 괴롭힌 박해자에게 폭력을 행사하기도 한다.

피해형 망상장애자들은 누가 내 음식에 독을 타려고 한다, 감시를 당하고 있다, 사람들이 짜고 조직적으로 나를 속이고 있다는 식으로 생각한다. 다른 사람이 단순히 자신을 괴롭힌다는 정도가 아니라 치명적으로 피해를 주려고 한다는 믿음을 갖고 있는 것이 큰 특징이다.

신체형 망상장애는 망상 주제가 자신의 신체 기능과 관련되어 있다. 자신이 느끼고 있는 감각이 이상하다고 생각하는 것이다. 가장 흔한 증상은 몸에서 냄새가 난다, 피부 속에 벌레가 기어 다니고 있다고 믿는 것을 들 수 있다. 또는 내장에 벌레가 있다고 생각하는 경

7. 망상장애 증상을 말하다

우도 있는데, 그 벌레는 흔히 말하는 기생충이 아니라 몸 안에서 내장을 강력하게 갉아먹는 것이라고 생각한다. 남들이 보기엔 괜찮은데 본인만의 생각으로 '아, 내 신체 일부분이 되게 이상하게 생겼다'고 믿는 사람들도 있다.

얼마나 많은 사람이
망상하는가

　색정형, 과대형, 피해형, 신체형, 각 유형별 유병률은 얼마 되지 않는다. 그런데 망상장애가 발병한 사람들의 모습은 세부 유형별로 매우 다르게 나타난다. 하나의 장애 안에 이렇게 다른 양상을 보이는 질병은 보기 드문 것이다.

　DSM-5에 나와 있는 망상장애의 평생 유병률은 약 0.2퍼센트로 추산이 된다. 그중에 가장 흔한 경우가 피해형이고, 질투형은 여성보다 남성에서 훨씬 많이 나타난다. 그러나 전체적인 빈도에서 남녀 차이는 없다. 우리나라의 경우 건강보험심사평가원에서 내놓은 통계를 보면 망상장애가 점점 증가하는 추세인데, 2010년도에는 2,152명, 2012년도에는 7,018명으로 집계되었다.

망상장애는 다른 증상에 비해 유병률이 그다지 높지 않다고도 할 수 있지만, 본인뿐만 아니라 주변 사람들에게도 고통과 피해를 많이 주는 증상인 점에 주목할 필요가 있다. 그중에 과대형 망상장애의 경우 정교하게 자기 이론이나 논리를 만들어 예수의 아들이라든지 신의 아들이라고 말하면서 사이비 종교의 교주로 변신하여, 많은 사람들에게 경제적인 피해뿐만 아니라 정신과 육체적인 고통을 입히는 경우도 많다. 이렇듯 망상장애는 유병률이 과히 높지 않더라도 증상을 지닌 사람들로 인한 파급력은 매우 크다.

우리나라에서 망상장애의 세부 유형별 통계 자료를 찾기는 어렵다. 외국의 경우를 살펴보면 독일에서는 피해형 망상이 78퍼센트로 가장 높고, 그다음으로 의처증, 의부증이라고 이야기한 질투형이 14퍼센트 정도이며, 신체형은 5퍼센트 정도로 조사되었다. 스페인은 피해형이 60퍼센트 정도, 신체형이 27.9퍼센트, 질투형이 7퍼센트, 색정형이 4.7퍼센트로 나왔다. 홍콩은 피해형이 59.4퍼센트로 가장 많이 나타났고, 질투형 22퍼센트, 색정형 4.7퍼센트, 그다음에 과대형이 4.7퍼센트, 신체형이 5퍼센트 정도였다.

독일의 경우 피해형 망상이 압도적으로 제일 높았고, 스페인은 신체형이 28퍼센트로 상당히 높았다. 짐작하건대 우리나라는 같은 아시아 문화권 국가인 홍콩과 비슷하게 피해형과 질투형이 제일 많지 않을까 싶다.

망상장애의 또 다른 특징 중의 하나로 발병 시기를 들 수 있는데, 최초 발병 평균 나이가 45세 무렵이라는 것이다. 스페인의 경우 최초 발병 나이는 평균 47세 정도다. 독일 역시 최초 발병 나이가 47세 정도이고, 홍콩도 비슷하다. 이렇게 40대 중반 이후에 발병하는 경우가 굉장히 많은데 45세를 중년으로 넘어가는 시기라고 본다면, 망상장애는 중년을 넘어가는 시기에 발병되는 비율이 제일 높다고 말할 수 있다. 물론 20대나 60대에 발병하는 경우도 있지만 발병하는 중간값은 40대 중반이다.

현실이 아닌 망상을 믿는
사람들의 모습

50대 초반의 남성 D씨는 식당 주인을 폭행하여 고발되었다. 부인과 이혼한 후 혼자 지내고 있는 D씨는 집 앞 식당에서 삼시세끼를 해결해왔다. 최근 몇 주 동안 식사 후에 배가 자주 아프고 살도 빠지게 되자, 식당 주인이 자신을 미워하여 독살하려는 것으로 의심하여 따지게 되었다. 그는 식당에 갈 때마다 "반찬 맛이 이상하다", "다른 사람들이 먹다 남은 밥을 주는 것 아니냐?"라며 불만을 표현했는데, 그런 자신에게 식당 주인이 앙심을 품고 죽이려 했다고 믿은 것이다. 따지는 과정에서 식당 주인이 강하게 반발하자, 급기야 폭행까지 했다.

D씨는 평소에도 누군가에게 당하지 않을까 두려워하며 사람들을

의심해왔다. 스스로 보호하지 않으면 사람들이 언제든지 자신을 악의적으로 이용할 것이라고 굳게 믿었다. 쇼핑을 하거나 거리를 다닐 때도 누군가 자신을 미행하고 있다고 생각했다. 사람들과 시선이 마주치면, 명예퇴직을 당하고 이혼까지 한 자신을 바보 멍청이라고 놀리고 있을 것이라고 믿었다.

D씨는 피해형 망상장애이다. 피해형 망상장애를 가진 사람의 특징은 망상으로 인해 D씨처럼 법적 구속, 벌금 부과 등에 해당할 정도의 범법 행위를 한다는 점이다. 때로는 부당하게 피해를 당하고 있다는 망상을 하며 사법기관이나 정부기관에 지속적으로 탄원·고소를 하는 경우도 있다.

N씨는 60대 남성으로, 교직에서 작년에 퇴직했다. 그런데 갑자기 작년 여름부터 부인을 의심하기 시작했다. 처음 의심의 시작은 아내가 남자를 만나러 나갔다가 예상보다 한 시간 늦게 귀가한 것이 빌미가 되었다. 그 남자는 N씨 부부가 오랫동안 알고 지내온 사람으로, 부인은 부동산 자문을 구하기 위해 그를 만나고 왔다. 그런데 N씨는 부인이 집에 오자마자 "도대체 그놈이랑 무슨 짓을 하느라 이제 와?"라며 따져 물었다. 부인이 "오는 길에 사고가 난 차량이 있어 길이 밀리는 바람에 늦었어"라고 설명했지만 N씨는 믿지 않

았다.

그날 이후, N씨는 부인이 그 남자와 바람을 피우고 있다고 확신하고, 부인의 행동을 유심히 관찰하기 시작했다. 그는 부인이 외출하려고 화장을 하면 "어떤 놈한테 잘 보이려고 그렇게 공을 들여?"라며 추궁했고, 동네 목욕탕에라도 다녀오면 "그놈이랑 관계한 흔적을 지우려고 목욕 다녀온 거 아니야?"라고 다그치며 폭행을 했다. N씨는 거의 잠을 이루지 못했고, 급기야 자녀들도 자신과 닮지 않았다고 생각하기에 이르렀다.

질투형 망상장애인 의처증의 전형적인 모습을 보이는 N씨 사례이다. 질투형 망상장애자는 배우자나 연인이 바람을 피우고 있다고 굳게 믿는다. 적절한 근거가 없음에도 불구하고, 자신만의 '증거'를 대며 상대방을 압박한다. 그 과정에서 폭력이 발생하기도 한다.

공공상담소 마음의 증상을 말하다

망상장애 진단 기준을
알아보자

　　망상장애가 아니라 다른 이유로도 망상을 할 수 있기 때문에 진단 기준은 매우 복잡하다. 아래 진단 기준을 항목별로 찬찬히 살펴보자.

망상장애의 진단 기준

A. 1개월 이상의 지속 기간을 가진 한 가지(혹은 그 이상) 망상이 존재한다.

B. 조현병의 진단 기준 A에 맞지 않는다.

　(주의점: 환각이 있다면 뚜렷하지 않고, 망상 주제와 연관된다(예: 벌레가 우글거린

　다는 망상과 연관된 벌레가 꼬이는 감각).)

C. 망상의 영향이나 파생 결과를 제외하면, 기능이 현저하게 손상되지 않고, 행동이

　명백하게 기이하거나 이상하지 않다.

D. 조증이나 주요 우울삽화가 일어나는 경우, 이들은 망상기의 지속 기간에 비해 상대적으로 짧다.

E. 장애가 물질의 생리적 효과나 다른 의학적 상태로 인한 것이 아니고, 신체변형장애나 강박장애와 같은 다른 정신장애로 더 잘 설명되지 않아야 한다.

다음 중 하나를 명시할 것:

• 색정형: 이 아형은 망상의 중심 주제가 또 다른 사람이 자신을 사랑하고 있다는 것일 경우 적용된다.

• 과대형: 이 아형은 망상의 중심 주제가 어떤 굉장한(그러나 확인되지 않은) 재능이나 통찰력을 갖고 있다거나 어떤 중요한 발견을 하였다는 확신일 경우 적용된다.

• 질투형: 이 아형은 망상의 중심 주제가 자신의 배우자나 연인이 외도를 하고 있다는 것일 경우 적용된다.

• 피해형: 이 아형은 망상의 중심 주제가 자신이 음모, 속임수, 염탐, 추적, 독극물이나 약물 주입, 악의적 비방, 희롱, 장기 목표 추구에 대한 방해 등을 당하고 있다는 믿음을 수반한 경우 적용된다.

• 혼합형: 이 아형은 어느 한 가지 망상적 주제도 두드러지지 않은 경우 적용된다.

• 명시되지 않은 유형: 이 아형은 지배적 망상적 믿음이 분명히 결정될 수 없는 경우, 혹은 특정 유형에 기술되지 않은 경우(예: 뚜렷한 피해 혹은 과대 요소가 없는 관계망상) 적용된다.

Reprinted with permission from the Diagnostic and Statistical manual of Mental Disorders, Fifth Edition, (Copyright 2013). American Psychiatric Association.
한국어판: DSM-5 정신질환의 진단 및 통계 편람(제5판), (주)학지사, 2015

공공상담소 마음의 증상을 말하다

살펴본 바와 같이 망상을 하더라도 그 생각이 지속적으로 한 달 이상 지속될 때에만 망상장애의 진단 기준에 부합한다. 예를 들면 아내가 남편에 대해 '저 사람이 바람피우는 거 아냐?'라는 생각을 하는 것은 망상이 아니지만, 한 달 이상 그 생각을 계속할 때 질투형 망상장애로 진단내릴 수 있다.

사실, 망상은 조현병의 주 증상이기도 하다. '조현병'은 '정신분열병'의 바뀐 진단명이다. 정신분열이라는 말이 너무 폭력적이고 듣기에 따라 혐오스러울 수 있어서 '현을 조율한다'는 의미의 조현병으로 바뀐 것이다. 조현병 진단의 가장 중요한 기준은 환영, 환청, 환각, 환미 같은 증상이 나타나는 것이다. 조현병은 거의 하루 종일 환청이 계속 들리고, 그 환청과 대화를 나누기도 한다. 환청의 대상이 되는 주인공들이 여럿 있어서 그 사람들이 나오는 환영을 보는 것도 중요한 특징이다.

다시 말해 눈으로 보이는(visionary hallucination) 환각이나 귀로 듣는(auditory hallucination) 환청이 있어야 조현병으로 진단하고, 반면 환각과 환청이 없다면 망상장애로 진단할 수 있다. 예를 들어 벌레가 우글거린다는 망상이 있어서 벌레가 꼬이는 감각이 있다면 조현병으로 진단할 수도 있다. 하지만 만약 이 내용을 제외하고 환시이나 환청, 환미 등과 같은 환각 증상이 아무것도 없으며, 직장생활도 잘하고 다른 사람들과의 교류나 대화도 단절되지 않고 잘 진행하며 생활

기능 조절에 문제가 없다면, 망상장애로 진단하는 것이 더 적절하다고 볼 수 있다.

한편, 조증이나 우울증 상태에서 망상이 나타나기도 한다. 조증이나 주요 우울장애 증상에 대해 한 번쯤 들어보았을 것이다. 조증과 울증, 두 가지 증상을 다 나타내는 조울증의 진단명은 양극성장애이다. 우울한 기간 동안 계속 우울하다가 어느 순간 굉장히 기운이 넘치는 상태가 되는 증상이다.

그런데 기분이 좋은 상태가 될 때 망상적인 신념을 가지게 된다. 미국 대통령과 통화를 해서 국가의 장래를 결정해야 한다든지, 자신이 굉장히 섹시한 미녀라서 모든 남자들이 좋아한다는 망상을 하기도 한다. 그러나 조증일 상태에만 망상이 드러나서는 망상장애라고 진단할 수가 없다. 조증이 일어나기 전에도 망상이 있고 진단 기준의 A, B, C 항목에 부합하고, 조증이 끝나고 나서도 A, B, C 항목에 부합한다면 망상장애로 진단할 수 있다.

조증뿐만 아니라 우울증 상태에서 우울이 굉장히 깊고 완전히 병리적인 상태가 되면 망상적인 신념이나 환각이 나타나는 사람도 있다. 이렇게 어느 시점에, 즉 우울증인 상태의 어떤 시기 동안만 망상적인 양상이 드러난다면 망상장애로 진단내릴 수가 없다.

망상이나 환각은 사실 약물 치료 때문에 생기기도 한다. 어떤 약을 먹었을 때 일시적으로 망상이 나타났다고 해서 그 사람을 망상장

애로 진단내리지는 않는다. 그리고 '벌레가 있어서 피부를 계속 닦
는다'라고 했을 때 신체형 망상장애인지, 아니면 강박장애인지도 잘
살펴보아야 한다.

망상의 원인에서
치료의 길을 찾아보자

망상은 왜 생겨나는 것인지, 그 원인에 대해서도 이야기해보자. 모든 정신병리에서는 그 원인을 유전적, 환경적, 인지적 요인 또는 정신분석적인 방식 등 다양한 측면에서 살펴보고 설명하기 때문에 여기서도 다양한 원인에 대해 이야기를 해보려 한다.

먼저 그동안 망상의 생물학적 원인을 밝히려는 노력이 있었으나 현재로서는 생물학적인 유전적 요인이라고 볼 만한 정확한 근거는 발견되지 않았다. 다만, 가족력이 많이 발견되는 등 유전적 소인이 있는 것 같다는 예상은 할 수 있다. 이는 정신분열병이나 기분장애에서 말하는 유전적인 가족력과는 관련이 없는 것 같다는 의미이다. 진단 기준에서 살펴봤듯 약물을 복용하면 환각, 망상 등이 일어날

공공상담소 마음의 증상을 말하다

수 있는데 그러한 생물학적 원인으로 망상이 생길 수 있다. 이는 신체의 무언가가 망상의 원인이 될 수 있다는 이야기인데, 현재로서는 단언할 수 있는 과학적 근거가 충분하지는 않다.

망상의 원인에 대한 인지적 입장의 세 가지 견해

인지적 입장에서는 망상의 원인에 대한 세 가지 견해가 있는데, 첫 번째가 '사고 과정에서 정보처리의 인지적 편향이 망상을 발생시킨다'는 것이다. 망상을 가진 사람은 자신이 가진 망상과 일치하는 증거에는 굉장히 주목하고, 반대되는 증거는 선택적으로 부주의하게 인지하거나 완전히 무시하여 망상을 지속하고 강화한다. 예를 들어 애정형 망상장애라면 사랑에 빠졌다고 생각하는 대상이 나를 보고 웃었을 때는 '나를 사랑하는구나'라고 생각하지만, 반대로 "나는 당신한테 전혀 관심 없다"라고 이야기를 하면 그 말은 무시하고 '저 사람이 하는 말은 속마음과 다를 거야'라고 믿는다.

두 번째로는 '자극 원인이 외부에 있다고 극단적으로 믿는 성향이 망상을 발생시킨다'고 보는 견해이다. 예를 들면 앞서 피해형 망상 사례에서 보았던 D씨 같은 경우, 배가 아프고 살이 빠진다면 자신의 몸이나 심리에 그 원인이 있을 가능성이 높은데, 그는 식당 주인이 자신에게 앙심을 품고 독살하려 한다고 생각했다. 어떤 일의 원인을 극단적으로 외부 요인으로 귀인을 해버리는 것이다.

세 번째로는 '비정상적인 지각 경험이 망상 형성에 중요한 요인된다'는 관점이다. 망상을 지닌 환자들은 착각에 의한 비정상적인 지각 경험을 하게 되고, 이런 당혹스러운 경험에 대해 강한 의문을 품게 된다. 그리고 의문을 나름대로 해석하고자 망상을 사용한다는 것이다. 쉽게 말해 환자가 레이더, 초능력, 우주광선 등이 등장하는 비현실적인 경험을 했다고 하자. 그는 누가 이런 일을 벌였는지 의문을 품다가 큰 힘과 권력을 가진 자만이 가능하다고 여겨 정보기관, 종교단체, 하나님, 악마와 같은 존재를 그 대상으로 상정하게 된다. 그리고 왜 이러한 비정상적인 경험을 했는가에 대한 의문은 자신이 대단한 존재이거나 대단한 잘못을 저질렀기 때문이라고 해석함으로써 과대망상이나 피해망상에 빠져든다.

한 남성이 병원에서는 아무 이상이 없다고 하는데도 자신은 매독에 걸렸다고 믿고 있다. 화장실도 자주 가고 사타구니도 붓고 일상이 너무 불편했다. 이런 증상은 회사에서 외국 출장을 다녀온 후 나타났다. 자신은 가고 싶지 않았는데 회사에서 억지로 해외 출장을 보냈다고 한다. 출장지에서도 싫지만 어쩔 수 없이 사창가를 가게 됐고, 성관계를 하게 됐고, 그래서 그 이후에 매독에 걸렸다는 것이

공공상담소 마음의 증상을 말하다

다. 그런데 그는 자신이 매독에 걸린 사실이 알려지면 나라 간의 분쟁이 일어날 거라고 믿는다. 그 이유는 자신이 너무 대단한 사람이기 때문이다. 그래서 정부기관에서 병원마다 이 사실을 부정하라고 시켰다고 생각하는 것이다.

지금까지 망상장애의 원인을 생물학적 관점과 인지적 입장에서 살펴보았는데, 한편에서는 망상장애를 환경적인 요인으로 인해 발병하는 대표적인 정신질환 중 하나라는 분석이 지배적이다. 그 이유 중 하나는 발병 시기가 중년 이후라는 점이다. 완전히 성인이 된 후에 발병하는 것이어서 가족력으로 보기는 힘들 것 같다.

인정할 수 없는 욕구라서
망상할 수밖에 없다면

정신분석적인 입장에서는 망상을 투사라고 본다. 망상이 발생하는 가장 큰 이유는 자기 안에 있는 욕구나 소망을 수용하거나 인정하는 일이 위험하다고 생각하기 때문에 도리어 '타인이 나에게 그렇게 한다'라고 투사하는 것이다. 정신분석 현장에서 투사 행위는 치료적 행위로 해석하기도 한다. 정신분석에서 치료의 출발점으로 삼고 있는 '전이 감정'을 치료에 요긴한 투사 행위라고 바라보기 때문이다.

정신분석에서 전이란 다른 사람에 대한 내담자의 감정이 상담자에게 옮겨지는 것을 말한다. 예를 들어 권위적인 아버지에 대한 분노를 비슷한 인상이나 분위기를 가진 분석가를 향해 퍼부을 수 있다는 것이다. 일반적으로 내담자가 분석가에게 투사를 하는 행위는 아버지에 대해 또는 어머니에 대해 분노나 서러움 등 부정적인 감정이 있거나, 인정받고 싶고 사랑받고 싶다는 친밀함에 대한 욕구가 있을 때 발생한다. 이럴 때 상담자는 내담자의 투사의 내용, 방식, 대상에 대한 이미지 등을 내담자와 같이 밝혀나가는 과정을 거친다. 그 과정에서 내담자는 자신의 감정의 실체와 그 원인을 자각하면서 그 망상 또는 투사를 벗어던질 수 있다. 이런 투사는 분석가라는 전문가와 함께 분석 작업을 함으로써 비교적 안전하고 건강하게 해결해나갈 수 있다.

하지만 이러한 전이 감정은 분석 과정에서만 일어나는 것이 아니라, 일상에서도 흔히 일어난다. 특히 일상에서 감당하기 어려울 정도로 주변 사람들에게 과도하게 전이 감정이 발생한다면 문제가 되는 것이다. 의처증이 있는 남편을 예로 들자면, 자신이 먼저 아내가 아닌 다른 사람과의 불륜을 상상하지 않았다면, 더 나아가 자기 안의 욕구를 실행에 옮기는 상상을 하지 않았다면, 아내가 외도를 했다는 의심을 할 수가 없다는 것이다. 마치 '부처의 눈에는 부처만 보이고 똥개 눈에는 똥개만 보인다'는 옛이야기처럼 말이다.

공공상담소 마음의 증상을 말하다

과대망상에 빠진 사람들이 가진 잘못된 신념 중 하나가 거대한 열등감이다. 자신을 무척 열등하다고 생각하기 때문에 이런 열등감을 이겨낼 수 있는 방식으로 자기를 팽창시킨 존재로 생각하는 것이다. 과도하게 팽창된 존재! 정신분석에서 '과잉은 곧 결핍이다'라는 말이 있다. "아, 나는 그게 너무 싫어, 싫어, 싫어, 너무 싫어"라고 말하는 사람은 사실 그것이 진짜 싫은 것은 아닐 가능성이 높다. 이처럼 자기 안에 있는 욕구를 스스로 인정하지 못할 때 보통 그것들은 투사의 형태로 나타난다. 그것이 어떤 상황들과 맞물려서 팽창하게 되면 망상의 형태까지 가게 된다.

다시 정리하면 정신분석적인 입장에서 망상의 가장 기본적인 원인은 투사에 있다고 본다. 자기 안에 어떤 소망이 있고 그 소망을 억압했고, 그것을 자기의 욕구라고 수용하기에는 너무 위험하거나 수치스럽거나 또는 부끄럽거나 두렵기 때문에, 이를 자신의 욕구가 아닌 것으로 만들기 위해서 그 원인을 외부로 돌린다. 다른 여자와 연애를 해보고 싶은데 그 욕구를 자신의 것으로 인정할 수 없으니 아내가 외도를 했다며 그 긴장을 외부로 투사하는 것이다.

피해형 망상장애 사례의 D씨 같은 경우, 삶이 너무 힘들고 괴로운 상황에서 자신의 마음속에 적의나 살의가 있었지만 그것을 그대로 수용할 수는 없었을 것이다. 어렸을 때부터 착하게 살아야 된다는 가르침을 듣고 자랐을 테니 말이다. 자신이 그렇게 할 수 없고 수용할 수 없게 될 때, 타인이 나에게 그렇게 한다는 투사가 발생한 것이다.

이렇게 자신의 욕구를 인정하는 것이 너무도 괴롭기 때문에 망상 장애가 발생한다. 그런 상황에서 "네가 그런 욕구가 있으니까 투사를 하게 되고, 그래서 망상이 나오는 거지"라고 말하는 것은 절대 도움이 되지 않는다. 그 사람이 가질 법한 외부에 드러난 현상, 누군가가 나를 독살하거나 나를 때릴지도 모른다는 망상은 결국 본질적으로는 폭력성이나 파괴성이 억압된 것으로 보아야 한다. 어떠한 이유에서 이렇게 왜곡될 수밖에 없는지 그 원인을 찾는 것이 중요하다. 그것이 해결되어 가는 과정을 거치면서 망상적 믿음이 해소될 가능성이 많다. 따라서 원인을 알아가는 것이 치료를 위한 하나의 방법이 된다.

정신분석적 입장 외에 사회적인 입장도 살펴보도록 하자. 앞서 독일과 스페인, 홍콩 등 세 나라의 발병률이 20퍼센트 정도 차이가 나고 순서도 다르다고 밝혔다. 그렇다면 사회적인 원인도 한몫했다고 추측해볼 수 있다.

최근 우리나라를 보면 사회나 국가를 믿지 못하게 하는 여러 사건들이 연이어 벌어지고 있다. 사회를 지탱하는 시스템의 핵심은 법과 질서이다. 그것이 우리를 지켜주지 못하고 있다. 우리가 통제할 수 없고 예견할 수도 없는 일들이 빈번하게 일어나고 있다. 우리를 지켜준다고 믿었던 국가가 우리를 지켜주지 않는다는 사실도 분명해지고 있다. 세월호 참사, 메르스 사태는 국가가 국민의 안전과 일상을 지켜주지 못한다는 것을 그대로 드러낸 사건들이었다. 이렇게 보면 사회 문화적인 환경이 개인들에게 피해망상을 조장하는 것이 아닌가라는 생각도 든다.

8

PTSD:
외상 후 스트레스 장애
증상을 말하다

톰 크루즈는 영화 〈7월 4일생〉(1990)에서 베트남전에 참전한 군인 '론'으로 나온다. 어린 시절부터 전쟁놀이를 하며 군인을 동경했던 론은 고교 졸업 후 해병대에 자원한다. 베트남에 파견된 그는 자신의 기대와는 너무나 다른 참혹한 전쟁의 실상을 경험하며 괴로워한다. 더욱이 전투에서 베트남 민간인과 아기를 죽이고, 전우까지 적으로 오인해 죽이게 되자 자책감에 시달린다. 그리고 그 전쟁에서 자신도 척추에 총상을 입고 하반신이 마비되어 영원히 휠체어에 의지해 살아야 하는 몸이 되고 만다. 고국으로 돌아온 론은 참전 용사 자격으로 7월 4일 독립기념일에 연설을 하게 되는데, 그때 갑자기 그의 귀에 아기 울음소리와 헬리콥터 소리, 총성이 들리기 시작한다. 그와 동시에 전쟁에서 경험한 장면들이 떠오르자 론은 단상에 서서 아무 말도 하지 못한다.

영화 속에서 론이 겪은 증상은 전형적인 PTSD이다. PTSD는 외상 후 스트레스 장애(Post-traumatic Stress disorder)를 뜻한다. 이는 생명을 위협하는 심각한 상황(외상 사건)에서 심리적으로 충격을 받은 후 일으키는 정신적 증상이다.

외상을 뜻하는 트라우마라는 단어를 우리는 일상에서 쉽게 접하곤 한다.

"난 수학이 트라우마야", "우리 부장은 나한테 정말 트라우마야"라는 말을 직접 쓰기도 하고, 종종 들어보기도 했을 것이다. "나 그때 되게 놀랐어"라고 말하면 될 일에도, 평소보다 조금 강한 스트레스만 받아도 "트라우마를 입었어"라고 표현한다. 그러나 실제로 트라우마는 스트레스와는 엄연하게 다르며, 일상적으로 사용하는 트라우마라는 단어와 실제 전문가 집단에서 사용하는 병리적인 용어로서의 트라우마는 의미에 큰 차이가 있다.

언어는 생각의 규제라는 강력한 힘이 있어서 상황에 맞는 적절한 단어를 사용할 때 정확한 자각이 일어나고 적절한 처치 방법을 찾을 수 있다. 예를 들면 "당신은 공황장애입니다"라는 진단이 적절하게 사용되었다면 '아 내가 공황장애구나, 빨리 낫도록 해야지'라는 생각을 할 수 있다. 하지만 어떤 불안이나 두려움 같은 고통을 호소하는 사람에게 "그건 공황장애다"라고 이야기를 하면 그 경험 자체가 또 다른 상처가 되기도 하며, 그 진단에 갇혀버릴 가능성이 많다. 즉, 어떤 심리적 어려움을 겪고 난 뒤 그 경험의 의미를 잘 살펴보고 성찰의 기회로 삼을 수도 있는데, 그것을 바로 '트라우마'라고 규정해버리면 더 이상 그 경험으로부터 배울 기회가 사라진다.

트라우마가 되는 경험과
그 후 증상들에 대하여

DSM-5는 트라우마에 대한 정의를 '생명과 관련된 위협을 느끼거나, 죽음에 대한 공포 또는 심각한 부상, 성폭력과 같은 심각한 사건에 직접적으로 연관이 되었거나, 또는 그러한 사건을 목격을 했을 경우'라고 설명하고 있다. 그것이 아니라면 정신의학적, 심리학적 트라우마라고 말할 수 없다. DSM-5에 제시된 트라우마를 일으키는 외상 사건들의 예를 들면 다음과 같다.

- 전투원으로서 직접 전쟁에 참여
- 위협적이거나 실제적인 신체적 폭력, 신체적으로 공격
- 약탈 강도

- 아동기의 신체 학대
- 위협적이거나 신체적인 성폭력
- 알코올이나 약물로 촉진된 성적 침해, 학대적인 성적 접촉
- 접촉이 없는 성적 학대, 성적 인신매매
- 납치, 인질, 테러 공격, 고문, 전쟁 포로로서 감금
- 자연재해
- 인간이 일으킨 사회 재난

이렇게 신체에 직접적 위협이 가해지거나 생명을 위태롭게 하는 위험을 당하거나 그로 인해 중상을 입고 폭력적인 상황에 처해져 심리, 정서적으로 나쁜 변화가 발생할 때, 이것이 바로 외상 사건이 되는 것이다. 역으로 신체적으로 아무리 나쁜 일이 있었다고 하더라도, 그것이 나에게 심리, 정서적으로 나쁜 변화를 일으키지 않고 삶의 왜곡이 일어나지 않으며, 정서나 심리를 컨트롤하는 데 별문제가 없다면 외상 사건이라고 말할 수 없다. 다시 말해 PTSD가 되려면 생명을 위협하거나 이에 준하는 외상 사건을 경험했고, 그로 인해 삶에 악영향을 끼치며 스스로 이를 통제할 수 없는 '심리적인 증상'들이 나타나야 하는 것이다.

PTSD의 심리적 증상 중 하나는 '해리'이다. 해리는 몸과 정신(마음)이 분리되는 현상으로 상황 인식의 연속성이 없는, 단기적 기억상

실과 같은 심리 상태를 말한다. 그래서 외상 사건이 현실이 아니고 꿈에서 일어났다고 생각하거나 아예 기억에서 빠져 있기도 하다.

두 번째 심리적 반응으로는 '각성'이 있는데, 심장이 쿵쾅거리고 호흡이 가빠지며 작은 것에도 몹시 놀라는 증상이다.

세 번째로는 기억하고 싶지 않은 충격적인 사건들이 섬광처럼 번 뜩 머릿속에 떠오르는 '플래시백(flash back)' 메모리 증상도 있다. 길을 걷거나 밥을 먹는 등의 일상적인 일을 할 때 외상 사건이 섬광처럼 떠오르는 것이다. 예를 들면, 갑자기 깜깜한 밤에 번개가 번쩍 치면 마을 전경이 순간 훤히 보이는 것처럼, 트라우마가 된 그 경험의 현장이 떠올라 진저리를 치고 그 감각 때문에 한동안 괴로워하게 된다.

그 외에 스트레스를 일으키는 장소나 사람을 회피하게 되어 일상 생활에 많은 어려움을 겪게 되기도 하고, 체중이 감소하거나 알코올 이나 약물에 의존하거나 또는 수면이 어려워지는 등의 여러 가지 반응들이 있다.

얼마나 많은 사람이
외상 후 스트레스 장애를 겪고 있을까

한국 사회에서 일어난 대규모 외상 사건은 최근의 세월호 참사를 비롯하여, 삼풍백화점과 성수대교 붕괴 사건 등을 들 수 있다. 그러나 이런 대형 사건 외에 개인이 겪은 사건, 예를 들면 아파트에서 자살한 사람의 시체를 봤거나, 교통사고를 목격한 경험도 트라우마가 될 수 있다.

DSM-5를 보면 PTSD는 미국의 경우 75세까지 예상 생애 위험도가 8.7퍼센트이며, 성인의 12개월 동안의 유병률은 약 3.5퍼센트이다. 반면 유럽이나 아시아, 아프리카, 라틴아메리카 같은 곳에서는 0.5~1.0퍼센트 정도로 훨씬 낮다. 우리나라는 2011년 보건복지부에서 실시한 역학조사를 보면 평생 유병률이 1.6퍼센트인데, 남성은 1퍼센트, 여성은 2퍼센트로 차이를 보였다.

미국보다 사건 사고가 많은 라틴아메리카나 아프리카보다 오히려 미국의 발병율이 더 높다는 건 주목해볼 만한 일이다. 짐작하건대 이는 라틴아메리카나 아프리카에서 PTSD라는 병에 대한 지식이 부족해서 나타나는 현상일 수도 있다. 예를 들어, 베트남 전쟁 이후 미국에서는 PTSD를 정신적 질병으로 인정하여 참전 군인에게 지원과 치료, 예방이라는 적절한 조치를 해주었다. 그에 비해 우리나라는 베트남 참전 군인에 대한 심리적인 지원과 치료가 전무했다. 우리나라의 베트남 참전 군인들과 마찬가지로 아프리카나 라틴아메리카 사람들도 PTSD에 대한 지식과 교육이 없으므로, 자기가 겪고 있는 증상에 대한 이해가 부족하여 통계에도 영향을 미쳤을 것이라는 추측을 해본다.

PTSD는 2차 세계대전 이후 급격히 활발한 연구가 이루어졌다. 1960~1970년대 베트남전 종전 이후 현실에 적응하지 못하고 심각한 심리적 불안감을 호소한 미군 병사들을 본격 연구하면서 PTSD라는 정식 진단명이 만들어졌다. 207만 명이 넘는 베트남 참전 군인들 중 심각한 PTSD 증상을 보인 사람이 3분의 1이나 되었다고 한다.

당시 PTSD에 대한 연구를 하면서 학자들은 흥미로운 사실을 하나 발견했다. 1, 2차 세계대전을 경험했던 사람들은 본국으로 돌아갈 때 배를 타고 가면서 전우들과 전쟁에서 있었던 일을 이야기하고, 그때의 감정을 표현하고, 서로 위로할 기회를 가졌다. 집으로 돌아간다는 기쁨을 함께하면서 살아남은 자들의 안도감과 승리감을 누리고 갈 수 있었던 것이다. 하지만 베트남 참전 군인들은 비행기를 타고 하루 만에 집으로 뿌려지듯 보내져, 자신이 겪은 일에 대해 이야기하며 감정을 표현하고 위로받는 과정을 거치지 못했다. 연구자들은 그것이 PTSD의 발병에 영향을 끼쳤을 가능성이 높다고 설명한다.

8. PTSD: 외상 후 스트레스 장애 증상을 말하다

일상에서 나타나는
PTSD의 모습들

이제 사례를 통해 PTSD의 증상을 이해해보도록 하자.

20대 중반의 직장인 여성 F씨는 지방에서 태어나 대학까지 마치고 직장생활을 위해 혼자 서울에 와 원룸에서 생활하고 있다. 1년 전, 초여름 그녀는 깜빡하고 창문을 닫지 않고 잠자리에 들었다가 큰일을 당했다. 창문으로 검은 형체가 넘어오는 것을 잠결에 눈을 떠 발견했지만 너무 놀라 소리도 지르지 못했다. 마스크를 한 남자는 칼로 위협해 F씨를 묶어놓고 성폭행을 한 뒤 귀중품을 가지고 달아났다. 남자가 떠난 후에 그녀는 자신이 겪은 일이 꿈인지 현실인지 구분이 되지 않을 정도로 비현실적으로 느껴졌다. 그러다 아침이 되

공공상담소 마음의 증상을 말하다

자 온몸에서 남자의 흔적이 느껴지는 것 같아 몸이 부들부들 떨리고 심장이 쿵쾅거렸다. 너무 무섭고 창피해서 경찰에 신고도 못 하고 그녀는 다른 동네로 이사를 해버렸다.

그러나 그 사건 이후 F씨는 길거리나 회사에서 만나는 모든 남자들이 두려웠다. 마스크를 한 사람만 봐도 놀라는 일이 반복됐다. 밤에 잠을 이룰 수 없었고, 알 수 없는 검은 형체에 눌리는 악몽에 시달렸다. 낮에 회사에서도 일에 집중할 수가 없었다. 사건이 발생한 그날, 창문을 열어놓은 채 잠든 자신을 용서하기가 힘들었다. '창문을 열어놓지 않았더라면……' 하는 후회와 자책감을 떨쳐버릴 수가 없었다. 그리고 한편으로 왜 착하게 살아온 자신에게 이런 일이 생겼는지, 하늘이 원망스럽기도 했다. 이런 상태로 직장생활도 결혼도 제대로 할 수 없을 것 같은 절망감과 우울감이 사건 발생 1년이 흐른 지금까지 지속되고 있다. F씨는 요즘도 위스키와 같은 독주를 마시지 않으면 잠을 이루지 못한다.

성폭력은 범인이 잡혔다 하더라도 피해 여성은 겁이 나서 고소를 못 하는 일이 매우 많다. 힘들게 고소를 하더라도 그 남자가 출소해서 나를 또 위협하지 않을까 하는 두려움에 시달린다. 게다가 한국의 법체계는 성폭력에 관해서 가해자에게 지나치게 관대하다. 이런 조건들이 피해자의 PTSD를 더욱 악화시키는 요인이 될 수도 있다.

또 다른 예를 보자. 박완서의 소설《그 많던 싱아는 누가 다 먹었을까》에서 시골 학교에서 교사로 재직하다가 북한이 서울을 점령했을 때 의용군으로 끌려갔던 오빠가 1.4후퇴 직전에 도망쳐와 집에서 머물던 모습을 묘사한 것이다.

어떻게 그 몸으로 전선을 돌파하고 먼 길을 걸어 집까지 돌아올 수 있었을까 믿기지 않을 만큼 몸이 못 쓰게 된 건 약과였다. 집에 돌아왔는데도 조금도 기쁜 기색이 없었다. 자기가 없는 동안에 태어난 아들을 보고도 안아보려고도 하지 않았다. 도대체 무슨 생각을 하는 건지, 그렇다고 무표정한 것하고도 달랐다. 시선은 잠시도 가만히 있지 못하고 불안하게 흔들리고, 작은 소리에도 유난스럽게 놀랐다. 잔뜩 겁을 먹은 표정은 무슨 소리를 해도 바뀌지 않았다. 따뜻한 음식과 잠자리도 그를 안정시키진 못했다. 밤에는 바람소리, 쥐 부스럭대는 소리에도 놀라 한잠을 못 잤다. 어디를 어떻게 무슨 꼴을 당하며 왔기에 그 꼴이 되었을까. 죽기를 무릅쓰고 사선을 넘은 무용담도 있으련만 말하지 않았다. 그런 흔적도 안 보였다. 오빠는 심한 피해망상을 앓고 있었다. (……) 제풀에 놀라 머리 먼저 아무 데나 쑤셔 박고 덜덜 떠는 증세까지 새로 생겨났다.

소설에 묘사된 오빠의 행동은 전형적인 PTSD의 모습이다. 여기

공공상담소 마음의 증상을 말하다

서도 드러나듯이 PTSD는 동반 장애를 유발할 가능성이 굉장히 높은 장애 중에 하나로 불안, 우울, 중독 등을 동반하며, 가장 큰 문제는 자살 위험도가 매우 높다는 것이다.

8. PTSD: 외상 후 스트레스 장애 증상을 말하다

PTSD의
진단 기준은 무엇일까

　외상 후 스트레스 장애는 성인, 청소년 그리고 7세 이상 아동과 6세 이하의 적용 기준이 다르다. 여기서는 성인, 청소년, 7세 이상의 아동의 진단 기준을 살펴보고자 한다.

> **외상 후 스트레스 장애의 진단 기준**
>
> A. 실제적이거나 위협적인 죽음, 심각한 부상 또는 성폭력에의 노출이 다음과 같은
>
> 　방식 가운데 한 가지(또는 그 이상)에서 나타난다.
>
> 　1. 외상 사건(들)에 대한 직접적인 경험
>
> 　2. 그 사건(들)이 다른 사람에게 일어난 것을 생생하게 목격함
>
> 　3. 외상성 사건(들)이 가족, 가까운 친척 또는 친한 친구에게 일어난 것을 알게 됨

공공상담소 마음의 증상을 말하다

〔주의점: 가족, 친척 또는 친구에게 생긴 실제적이거나 위협적인 죽음은 그 사건(들)이 폭력적이거나 돌발적으로 발생한 것이어야만 한다.〕

4. 외상성 사건(들)의 혐오스러운 세부 사항에 대한 반복적이거나 지나친 노출의 경험(예: 변사체 처리의 최초 대처자, 아동 학대의 세부 사항에 반복적으로 노출된 경찰관)

〔주의점: 진단 기준 A의 4항은 노출이 일과 관계된 것이 아닌 전자미디어, 텔레비전, 영화 또는 사진을 통해 노출된 경우는 적용하지 않는다.〕

B. 외상 사건(들)이 일어난 후에 시작된, 외상성 사건(들)과 관련이 있는 침습 증상의 존재가 다음 중 한 가지(또는 그 이상)에서 나타난다.

1. 외상성 사건(들)의 반복적, 불수의적이고, 침습적인 고통스러운 기억

〔주의점: 7세 이상의 아동에서는 외상성 사건(들)의 주제 또는 양상이 표현되는 반복적인 놀이로 나타날 수 있다.〕

2. 꿈의 내용과 정동이 외상성 사건(들)과 관련되는 반복적으로 나타나는 고통스러운 꿈

〔주의점: 아동에서는 내용을 알 수 없는 악몽으로 나타나기도 한다.〕

3. 외상성 사건(들)이 재생되는 것처럼 그 개인이 느끼고 행동하게 되는 해리성 반응(예: 플래시백) (그러한 반응은 연속선상에서 나타나며, 가장 극한 표현은 현재 주변 상황에 대한 인식의 완전한 소실일 수 있음)

〔주의점: 아동에서는 외상의 특정한 재현이 놀이로 나타날 수 있다.〕

4. 외상성 사건(들)을 상징하거나 닮은 내부 또는 외부의 단서에 노출되었을 때 나타나는 극심하거나 장기적인 심리적 고통

5. 외상성 사건(들)을 상징하거나 닮은 내부 또는 외부의 단서에 대한 뚜렷한 생리적 반응

C. 외상성 사건(들)이 일어난 후에 시작된, 외상성 사건(들)과 관련이 있는 자극에 대한 지속적인 회피가 다음 중 한 가지 또는 두 가지 모두에서 명백하다.

  1. 외상성 사건(들)에 대한 또는 밀접한 관련이 있는 고통스러운 기억, 생각, 또는 감정을 회피하거나 회피하려는 노력

  2. 외상성 사건(들)에 대한 또는 밀접한 관련이 있는 고통스러운 기억, 생각 또는 감정을 불러일으키는 외부적 암시(사람, 장소, 대화, 활동, 대상, 상황)를 회피 또는 회피하려는 노력

D. 외상성 사건(들)이 일어난 후에 시작되거나 악화된, 외상성 사건(들)과 관련이 있는 인지와 감정의 부정적 변화가 다음 중 두 가지(또는 그 이상)에서 나타난다.

  1. 외상성 사건(들)의 중요한 부분을 기억할 수 없는 무능력(두부 외상, 알코올 또는 약물 등의 이유가 아니며 전형적으로 해리성 기억상실에 기인)

  2. 자신, 다른 사람 또는 세계에 대한 지속적이고 과장된 부정적인 믿음 또는 예상 (예: "나는 나쁘다", "누구도 믿을 수 없다", "이 세계는 전적으로 위험하다", "나의 전체 신경계는 영구적으로 파괴되었다")

  3. 외상성 사건(들)의 원인 또는 결과에 대하여 지속적으로 왜곡된 인지를 하여 자신 또는 다른 사람을 비난함

  4. 지속적으로 부정적인 감정 상태(예: 공포, 경악, 화, 죄책감 또는 수치심)

  5. 주요 활동에 대해 현저하게 저하된 흥미 또는 참여

공공상담소 마음의 증상을 말하다

6. 다른 사람과의 사이가 멀어지거나 소원해지는 느낌

7. 긍정적 감정을 경험할 수 없는 지속적인 무능력(예: 행복, 만족, 또는 사랑의 느낌을

경험할 수 없는 무능력)

E. 외상성 사건(들)이 일어난 후에 시작되거나 악화된, 외상성 사건(들)과 관련이 있는

각성과 반응성의 뚜렷한 변화가 다음 중 두 가지(또는 그 이상)에서 현저하다.

1. (자극이 거의 없거나 아예 없이) 전형적으로 사람 또는 사물에 대한 언어적 또는 신

체적 공격성으로 표현되는 민감한 행동과 분노 폭발

2. 무모하거나 자기 파괴적인 행동

3. 과각성

4. 과장된 놀람 반응

5. 집중력의 문제

6. 수면 교란(예: 수면을 취하거나 유지하는 데 어려움 또는 불안정한 수면)

F. 장애(진단 기준 B, C, D, 그리고 E)의 기간이 1개월 이상이어야 한다.

G. 장애가 사회적, 직업적, 또는 다른 중요한 기능 영역에서 임상적으로 현저한 고통

이나 손상을 초래한다.

H. 장애가 물질(예: 치료약물이나 알코올)의 생리적 효과나 다른 의학적 상태로 인한 것

이 아니다.

Reprinted with permission from the Diagnostic and Statistical manual of Mental Disorders,
Fifth Edition, (Copyright 2013). American Psychiatric Association.
한국어판: DSM-5 정신질환의 진단 및 통계 편람(제5판), (주)학지사, 2015

8. PTSD: 외상 후 스트레스 장애 증상을 말하다

2014년 세월호 참사 때 TV 생중계를 몇 시간 동안 생생하게 지켜본 많은 국민들이 그 이후 우울감을 호소했으나, 이 진단 기준으로 본다면 트라우마에 속하지는 않는다. 그러나 그 사건에 지속적으로 직접 노출되었을 경우라면 트라우마가 될 수 있다.

PTSD 증상의 특징 중 하나는 외상 사건 후에 시작된, 외상 사건의 기억 또는 그것과 관련된 생각의 '침습' 증상이다. 침습이란 원하지 않는데 외상성 기억들이 반복적으로 자신의 의지와 상관없이 불쑥 떠오르는 것이다. 플래시백처럼 기억되거나, 아니면 꿈이나 악몽, 또는 아이들의 경우에는 놀이를 통해 재연되기도 한다. 예를 들면 대구 지하철 사고를 겪은 사람이 그 이후 지하철을 못 타거나, 극장에서 영화가 끝나고서 우르르 사람이 나올 때 쓰러지는 경우이다. 현재 일어나는 일이 외상 사건이나 그 장면과 비슷할 때 어지럽거나 심장이 격렬하게 뛰는 생리적인 반응이 동반되기도 한다.

PTSD의 또 다른 증상은 외상 사건과 관련된 자극을 지속적으로 회피하려고 노력하는 것이다. 외상 사건과 밀접한 관련이 있는 기억, 생각과 감정까지 회피하려고 반복적으로 노력하며, 그 일과 관련이 있는 감정을 불러일으키는 외부적인 암시 또한 그 상황을 기억하게 하기 때문에 회피한다.

인지와 감정의 부정적 변화도 일어난다. 첫째, 외상 사건의 중요한 부분을 기억할 수 없는 무능력이 나타난다. 많은 성폭력 사례에서 피해자가 "가해자가 기억이 안 난다, 멍하다"라고 말하는 것이 이런 무능력 상태라고 할 수 있다.

둘째, 자신과 다른 사람 또는 세상에 대해 지속적이고 과장된 부정적인 믿음이나 예상을 한다. 예를 들면, '이런 일을 당했으니까 나는 나쁘다, 누구도 믿을 수 없다'라고 생각하고, 더 나아가 '세상은 정말 위험하다, 세상이 나를 버렸다'라고 믿는 것이다.

셋째, 외상 사건의 원인 또는 결과에 대해서 지속적으로 왜곡된 인지를 해서 자신 또는 다른 사람을 비난한다. '내가 성폭행을 당한 건 내가 잘못했기 때문이다'라고 자기 비난을 계속하는 것이다.

넷째, 주변 활동에 대해 현저하게 흥미를 잃고, 참여 또한 하지 않는다. 직장생활을 하는 사람이라면 업무에 의욕을 잃고 소극적으로 임해 주위 동료가 보기에도 무기력하다고 느낄 정도가 된다.

다섯째, 사람들에게 이야기해봤자 이해받을 수 없다는 생각에 소외감이 생기고, 주위 사람과도 거리감을 느껴 타인과의 관계가 멀어지거나 소원해진다. 또한 긍정적인 감정, 예를 들어 행복하다거나 만족스럽다거나 사랑받는다는 느낌을 가질 수 없는 지속적인 무능력 상태가 된다.

이와 함께 진단 기준에 제시된 신체적인 부정적 증상들이 최소한 1개월 이상 지속되고, 사회적, 직업적, 또는 다른 중요한 기능 영역에서 현저한 고통이나 손상을 초래할 때, PTSD로 진단할 수 있다.

외상 사건은 모두
외상 후 스트레스 장애를 남기는가

베트남 참전 군인들 중 PTSD를 겪은 3분의 1과 그렇지 않은 3분의 2는 어떤 차이가 있었을까? 일반인들도 살아가면서 외상 사건에 노출될 가능성이 있는데, 외상 사건을 경험했다고 해서 모든 사람에게 같은 증상이 나타나는 것은 아니다. PTSD로 발병하게 되는 원인은 여러 가지 요소가 있다. 외상 사건 이전 요인, 외상 사건 자체 요인, 외상 후 요인이 모두 복합적으로 작용하여 PTSD가 발병한 것이다.

다음은 DSM-5에 나와 있는 위험 및 보호 요인들이다.

공공상담소 마음의 증상을 말하다

외상 전 요인

외상 전 요인이란 외상 사건 발생 이전에 이미 당사자가 가지고 있었던 내적 요인을 말한다. 크게 기질적, 환경적, 유전적, 생리적 요인으로 나눌 수 있다.

기질적 요인은 6세 이전 아동기에 겪은 감정적 문제(이전의 외상성 노출, 공격성, 짜증, 불안 문제 등)나, 외상 사건 전 있었던 다른 정신적 장애(공황장애, 우울장애, 강박장애 등)를 들 수 있다. 환경적 요인으로는 낮은 사회 경제적 상태, 낮은 교육, 이전의 외상에 대한 노출(특히 아동기 동안), 아동기의 역경(경제적 박탈, 가족 간의 불화, 부모의 분리 또는 죽음 등), 문화적 특징(숙명론적, 자기 비난 등), 낮은 지능, 그리고 정신과적 가족력 등이 있다.

한편, PTSD 발병을 낮추는 보호 요인으로는 외상 사건 이전 사회적 지지가 있다.

여성과 연령이 어릴수록 외상 사건에 노출되었을 때 발병률이 높은데, 이것은 유전적, 생리적 요인으로 볼 수 있다. 인구 통계학적으로 여성이 남성보다 두 배에서 세 배 정도 PTSD 발병률이 높다. 최근의 연구에 따르면 외상 사건을 어린 나이에 경험할수록 PTSD 증상이 심각하게 나타나고 증상이 축적된다고 한다.

이런 인구 통계적 요인들과 외상 전에 어떤 요인을 가지고 있느냐

8. PTSD: 외상 후 스트레스 장애 증상을 말하다

가 PTSD 강화에 영향을 끼친다. 또한, 유전적 요인이 외상 사건에
노출된 이후에 PTSD 발병을 높이기도 하고 낮추기도 한다.

외상 중 요인

　외상의 심각도, 즉 외상 사건의 규모와 강도가 클수록 PTSD 발
병의 가능성이 더 높다. 외상 사건은 여러 가지 조건에 의해 생명을
위협받거나, 부상을 입거나, 심각한 폭력의 피해를 입거나 그것을
목격한 경우(아동의 경우 특히 보호자가 저지르는 폭력)를 말한다. 또 군인
의 경우라면 자신이 가해자가 되는 것, 잔혹 행위의 목격 또는 적군
살해가 포함된다. 외상 사건을 경험하는 중이나 그 후에 나타나는
해리 증상은 PTSD 발병을 더욱 높일 수 있다

외상 후 요인

　외상 사건을 겪은 뒤, 적절한 외상 치료를 하지 않을 경우 상태를
더 심각하게 만들 수 있다. 더불어 피해자의 심리적 기질이 자신에
게 닥치는 모든 상황을 부정적으로 평가하고, 일상에 대한 대처 기

술이 부적절하다면 PTSD의 증상이 더욱 심각해질 수 있다. 또한 사건 이후에 만약 부정적인 생활 사건이 발생하거나 경제적 어려움 등 통제할 수 없는 환경적 요인이 있다면, 이 역시 외상 후 요인에 포함된다. 그러나 사회적 지지(특히, 아동에 대한 가족의 안정감을 포함하여), 적절한 치료와 교육, 지지자들과의 모임 등을 통해 외상 후 결과를 조정하고 치유 효과를 높일 수 있다.

트라우마에서
벗어나기 위하여

외상 사건에 노출은 되었으나 PTSD까지 발전하지 않는 사람들은 자신의 감정을 잘 표현하는 특성을 가졌다고 한다. 자기가 어떤 상태이고, 어떤 경험을 했으며, 어떤 감정을 느꼈는지를 언어화시키고 어떤 형태로든 그걸 표현해내는 사람들에게서 PTSD 발병률이 현저하게 낮았다.

최근 PTSD에 대한 치료 효과가 입증된 여러 종류의 심리 치료에 어떤 공통 요인이 있는지 연구한 슈나이더(Schnyder) 박사 연구팀의 논문에 의하면, 먼저 첫 번째 단계로 고통스러운 외상 사건에 대한 기억을 회피하지 말고 힘들더라도 계속 반복해서 떠올려보는 것이 치료에 도움이 된다고 한다. 예를 들어 앞의 성폭행 사례에서, 처음에는 그 사건을 떠올리기도 싫겠지만 사건 당일 잠들기 전의 상황을 기억해보는 것이다. 그리고 조금씩 기억을 진전시키면서 힘들면 멈추어 진정하고, 진정이 되면 다시 떠올리고(revisiting) 복기(recounting) 하며 그때 당시의 감정들을 구체적으로 느껴본다.

외상 사건의 기억을 떠올리면 통제력을 상실할까 봐 두려워하지만, 실제로는 이렇게 할 때 자신의 경험에 대한 통제력을 갖게 된다. 물론 그 기억으로 다시 돌아가는 것은 무척 고통스럽다. 그러나 좋은 친구나 믿을 수 있는 사람에게 정서적인 지원을 받으면서 자신의 힘든 경험을 정확하게 기억하고 설명하는 것은 치료를 위해 매우 중요한 일이다.

두 번째는 외상 사건의 상처로부터 의미를 찾아 성장을 이루어내는 것이다. 그러나 이 작업은 첫 단계 작업을 통해 자신의 외상 경험을 정확하게 기억하고 설명할 수 있게 되었을 때 가능하다. 예기치 않고 원하지도 않았던 외상 사건이 자신의 삶에 어떤 의미를 주는가를 찾아낼 수만 있다면, 가늠할 수 없을 만큼 큰 내면의 성장을 이루어낼 수 있을 것이다.

한 여성이 직장에서 질이 나쁜 상사에게 성적으로 불쾌한 일을 당했다. 그 일에 대해 제소하고 항의했지만 받아들여지지 않았고, 오히려 그녀가 직장을 떠나야 하는 상황이 벌어졌다. 그녀는 자신이 당한 일이 너무나 분하고 억울했지만 그 일을 계기로 여성의 인권에

8. PTSD: 외상 후 스트레스 장애 증상을 말하다

관심을 갖게 되었고, 약자를 돕기 위해 힘을 길러야겠다고 결심했다. 그리고 성폭력, 성추행에 노출된 여성들을 위해 일하는 공익 변호사가 되었다. 한 개인으로서는 힘든 일을 겪었지만, 자신의 불행한 일에서 의미를 찾고 삶을 재구성하여 성장을 이루어낸 정말 훌륭한 사례이다.

세 번째로 심리 교육을 실시한다. PTSD의 극복에 있어 심리 교육은 아주 큰 치료 효과가 입증되었다. 심리 교육이란 재난 상황이나 외상 사건 후 심리적 응급처치(PFA: Psychological First Ade)로서 심리전문가나 상담자들이 재난 피해자들에게 현재 일어난 사건에 대해 설명해주고, 이 사건이 각 개인에게 어떠한 영향을 미칠 것인지 자세하게 디브리핑(debriefing)하는 것이다. 디브리핑이란 심리치료전문가가 제삼자의 입장에서 재난 피해자들이 겪은 일을 요약 정리하여 재난 피해자들에게 다시 이야기해주는 것이다. 이를 통해 피해자들은 혼자 동떨어져 있는 상황이 아님을 인지하고 주변의 사람들과 연대하는 과정을 경험하게 된다. 정서적인 연대 경험은 이후 PTSD 발병 가능성을 현저히 떨어뜨린다는 연구 결과가 있다.

이와 관련하여 레베카 솔닛의《이 폐허를 응시하라*A Paradise Built in Hell*》라는 책을 추천한다. 이 책에서는 재난이 가져다주는 선물은 바로 민중이 만들어내는 자발적 공동체라고 말한다. 개인이 어떤 고난을 당했을 때 주변 사람들이 모여서 위로해주고 보듬어준다면, 그런 사람들이 곁에 있다는 것만으로도 힘이 되어 빨리 회복할 수 있다는 내용이다.

개인적인 차원뿐만 아니라 큰 사회적인 재난 상황에서도 우리가 만들어낼 수 있는 것은 연대를 통한 공동체다. 세월호 참사 때에도 사람들이 함께 모여 단식에 참여하고, 피해자 부모들을 위로하고, 광화문에 천막을 치고 서로의 아픔을 나누려고 하는 행위와 같은 연대와 지원이 재난 상황에서 우리가 할 수 있는 가장 중요한 일이었다.

'폐허를 응시하라'는 것은 재난이 만든 폐허 위에 건설한 생명력의 공동체를 통해 긍정적인 인간성을 확인하자는 뜻이기도 하다.

8. PTSD: 외상 후 스트레스 장애 증상을 말하다

9

ADHD:
주의력결핍 과잉행동장애
증상을 말하다

P씨는 일곱 살 아들의 유치원 교사로부터 아이가 아무래도 ADHD 같으니 병원에 가서 검사를 받았으면 좋겠다는 권고를 받았다. P씨의 아들은 또래보다 활발하고 호기심이 많아 다섯 살에 처음 유치원에 등원했을 때부터 온 유치원을 휘젓고 다녔다. 친구들이 가지고 노는 장난감도 힘으로 **빼앗기** 일쑤였고, 마음에 들지 않는 친구들은 밀쳐서 넘어뜨렸다. 교사의 제지에도 불구하고 수업 시간에 가만히 앉아 있지 못했다. 집에서도 가만히 있지 못하고 뛰어다니기를 좋아했으나 남자아이라서 그러려니 하고 있었는데, 유치원 교사의 말을 들으니 정말 ADHD일까 봐 겁이 났다. 인터넷 검색을 해보니, 하루빨리 병원에 가서 약을 먹이라는 답변들이 많았다. 그러나 소아정신과는 기록이 남는다는데 혹시라도 아들이 나중에 불이익을 당하지 않을까, 어린아이에게 매일 약을 먹이는 것이 괜찮은 것일까, P씨는 걱정이 됐다.

P씨처럼 또래 아동들보다 산만하고 집중력이 떨어지는 자녀를 보면서 '혹시 우리 애도 ADHD가 아닐까?' 하며 걱정하는 부모들이 많다. ADHD는 소아청소년 정신장애 중에서 가장 흔하지만, 사실 1980년 주의력결핍장애(ADD: Attention Deficit Disorder)라는 진단이 처음 등장하기 전에는 존재하지도 않았던 질환이다. '경도뇌기능이상'이라는 비슷한 개념의 질병이 전

에 있었지만, 현재의 ADHD에 비해 아주 심각한 수준의 아동에게만 매우 제한적으로 진단을 내렸다.

지난 20년간 ADHD로 진단받은 소아청소년의 유병률이 무려 세 배나 증가했는데, 이러한 경향은 아직도 멈출 기미가 보이지 않는다. 이미 전체 어린이의 약 10퍼센트는 이 장애를 의심받거나 진단받고 있으며, 한 학급에 한 명꼴로 약물을 투여받고 있다. 도대체 무슨 일이 일어난 것일까?

근대사회에 접어들면서 모든 국민에게 교육은 의무가 되었다. 학교에서의 교육은 주로 지식 전달 위주였으며, 이 교육이 아이들의 장래를 결정짓는 중요한 요인 중의 하나가 되었다. 하루 여덟 시간 빈틈없이 학습에 집중하는 아이들도 있지만, 장래를 결정짓는 중요한 교육에 집중하지 못한 아이들도 있다. 이제 그런 아이들을 정신적으로 문제가 있다고 판단한다. 진단명은 ADHD, 주의력결핍 과잉행동장애이다. 조선시대 '오성과 한음'이 요즘 학교를 다닌다면, 그들의 장난과 말썽은 ADHD나 품행장애로 진단받을 것이다. 약물 치료와 상담을 받고, 짓궂은 행동으로 인해 학생들 사이에서 왕따를 당하거나, 제어되지 않는 행동으로 인해 학생기록부에 온갖 부정적인 사건들이 기록되어 명재상이 되기는커녕 대학 진학도 쉽지 않을지 모른다.

ADHD를 알기 전에는 별난 아이들을 뭐라고 불렀을까? 산만한 아이들은 모두 ADHD인가? 진단 과잉의 시대에 아이들에게 너무 쉽게 어떤 병리적 증상명을 갖다 붙이는 것은 아닌지 모르겠다. 그러기 위해서 ADHD라는 증상의 특징, 그 원인과 극복 방안에 대해 정확히 알아야 할 것이다.

주의력이 결핍되고
과잉행동을 하다

ADHD는 Attention-Deficit/Hyperactivity Disorder의 줄임말로, 우리말로 '주의력결핍 과잉행동장애'라고 부른다. 진단명에서 드러나는 것처럼 주의력의 결핍과 과잉행동이 가장 큰 특징이다.

주의력이라는 말은 집중력이라는 말과 비슷한 듯 보이지만 차이가 있다. 집중력은 한 가지에 힘을 모으는 능력이라면, 주의력은 여러 가지 내부 또는 외부의 자극을 자신의 의지에 따라 원하는 곳과 필요한 곳에 쏟는 능력을 말한다. 주의력은 원하는 정보에 관심을 기울이고 지속적으로 집중을 유지하지만, 관심을 한 곳에서 다른 곳으로 옮겨가게 할 수도 있고 동시에 여러 군데에 적절히 배분할 수도 있는 능력이다. "우리 애는 좀 산만해 보여도, 자기가 좋아하는 퍼즐을 하거나 게임을 할 때는 몇 시간 동안 꼼짝도 안 하고 해요"라고 할 때, 이는 주의력이 아니라 집중력에 관한 내용이다. 따라서 이 아이가 주의력에 문제가 있는지 없는지는 알 수가 없다.

아이든 어른이든 자신이 재미있어 하는 일에는 놀라운 집중력을 발휘한다. 주의력이 결핍되었는지를 알아보려면 자신이 별로 관심이 없는 일이지만 그것에 집중해야 할 때, 필요한 만큼의 집중을 할 수 있는지 살펴보아야 한다. 퍼즐이나 게임을 할 때는 몇 시간 동안 집중하는 아이가 수업을 끝까지 듣지 못하고 친구와 장난친다거나, 알림장 쓰기를 잘못해 온다거나, 선생님이 스케치북을 꺼내라고 했는데 못 듣고 다른 책을 계속 보고 있다면, 주의력에 문제가 있다고 볼 수 있다.

과잉행동은 언제나 부산스럽게 뛰어다니고 얌전히 앉아 있지 못하는 것으로 묘사된다. 이런 아이들은 몸을 꼬고 뒤틀며 손가락을 움직이고 학급 친구들을 쿡쿡 찌른다. 수업 시간에 벌떡 일어나서 돌아다니기도 하고 책장을 소리 내서 넘기며 시끄럽게 하기도 한다. 보통 아이들보다 지나치게 힘이 넘쳐 동작이 크고 위험해 보이기도 하며, 실제 자신의 신체에 상처를 내거나 다른 사람에게 상해를 입히는 일도 일어난다. 즉, 과잉행동 아동들은 다른 사람의 바람이나 특정 장소의 요구에 맞추어 자신의 행동을 조절하는 데 어려움을 겪는 것으로 보인다.

9. ADHD: 주의력결핍 과잉행동장애 증상을 말하다

그러나 부산스럽고 별난 ADHD 아동의 과잉행동에 악의는 없다. 예를 들어, ADHD 아동이 친구를 밀어 넘어뜨렸다면, 사실은 같이 놀고 싶은 마음에 그런 것이다. 힘 조절이 안 되다 보니 과격한 행동이 나오는데, 상대 아이들은 이를 폭력적이고 적대적으로 느끼니 과잉행동을 하는 아동의 입장에서는 억울한 일이 될 수도 있다.

또한 ADHD 아동은 '생각하지 않고 행동하는 충동성'을 보인다. 반응하지 말아야 할 때도 무작정 일단 반응하는 것이다. 예를 들어 어떻게 반응해야 할지 생각하지 않은 채 무작정 뛰어들어 문제를 해결하려 하거나, 다른 사람들이 줄 서 있는 앞에 끼어들거나, 과제를 수행하면서 원칙을 염두에 두지 않은 채 자기 편한 방식을 택하는 것 등이다. 그래서 앞의 장애물을 보지 못하고 뛰어가다가 넘어지거나 차도를 잘 살피지 않고 뛰어들어 사고 위험도 많다. 다른 사람을 방해하거나 사회적으로 부적절한 말이나 남에게 상처를 줄 수 있는 말을 내뱉기도 한다. 한마디로 참고 억제하고 행동을 통제하는 능력이 부족한 것이다. 그래서 조심성이 부족하고 무책임하며 미성숙하고, 게으르거나 버릇이 없다는 말을 듣기 쉽다.

일반 아이들은 부적절한 행동에 대해 부모나 교사가 서너 번 꾸짖거나 훈육하면 고치지만, ADHD 아동은 벌을 주어도 계속 규율을 어기는 경우가 많다. 그런데 이는 아이가 고의로 반항하는 것이 아니라 내재적인 충동성 때문이다. 이런 충동성은 학업 과정에서도 그

대로 반영된다. 문제를 풀 때 지시문을 끝까지 읽지 않는다든가 선택 답안을 모두 읽지 않고 답을 선택하는 것이다.

ADHD는 대개는 성인이 되면서 좋아지는 경우가 많지만, 그 기간 동안 관계의 소외와 차별로 인해 이차적 손상이 생기고 또 다른 문제로 발전하기도 한다. 무엇보다도 또래 관계에서 이러한 문제들이 나타나는데, ADHD 증상을 보이는 아동의 50퍼센트 이상은 또래와의 사회적 관계에서 중대한 문제를 경험한다. 과잉행동과 충동성이 강한 아동들은 공격적이고 반항적인 행동 때문에 또래들로부터 도리어 따돌림을 당하는 공격적 피해자가 될 가능성이 있다. 한편 주의력결핍을 보이는 아동들은 다른 사람을 신뢰하거나 또래 집단에 어울리기 힘들어 하고, 의기소침해 보이기 때문에 과잉행동이나 공격성을 동반하지 않음에도 또래로부터 비난을 받기 쉽다. 이로 인해 ADHD 아동은 일반 아동 못지않게 또래들과 상호작용을 많이 하지만, 적절한 관계는 맺지 못하고 배제된다.

더욱 우려스러운 것은, ADHD가 염려되면 부모는 가장 먼저 약에 의존하려고 한다는 것이다. 학교 교사로부터 아이가 산만해서 수업에 방해가 되니 약을 처방받아 먹이라는 권고를 받았다는 이야기를 흔히 듣는다. ADHD 약은 증상에 따라 차이는 있지만 보통 아침, 저녁으로 하루에 두 번 정도 복용하는데, 이 약을 먹으면 부모의 바람(?)대로 아이들은 얌전해진다. 중추신경계에 작용하는 약이다

9. ADHD: 주의력결핍 과잉행동장애 증상을 말하다

보니 아이가 힘이 없어져 얌전해지는 건 당연한 결과다. 더 큰 문제는 정확한 진단과 처방 없이 공부 잘하는 약이라며 ADHD 약을 처방받아 먹이는 부모들도 있다는 것이다. 일부 정신과 의사들의 이런 반윤리적 의료행위는 방송에서 보도한 적이 있을 정도다.

2014년 저널 〈가제트〉 연구 논문집에 실린 논문을 보면, ADHD로 진단된 8,643명의 사람들을 14년간 추적하여 ADHD 약의 효과를 살펴본 연구가 있다. 단기적으로는 약의 효과가 있었으나 장기적으로는 효과가 전혀 없었고 플라시보 효과만 있었다고 한다. 플라시보 효과란 약의 실제 효과와는 상관없이 환자의 믿음에서 오는 위약 효과를 말한다. 또 다른 2014년 미국의 정신보건원 연구에서는, ADHD 진단을 받고 약을 먹는 남성 환자들 중 61퍼센트가 지속적이고 고통스러운 발기 통증을 경험한다는 보고가 있었다. 이 연구 결과를 토대로 뉴질랜드 보건부에서는 ADHD 약 포장에 이러한 사실을 명시하도록 공시했다.

ADHD 치료에서 약물 치료는 회의적이다. 약을 복용한 사람의 신체에 어떻게 장기적으로 영향을 끼칠지 아무도 확신할 수 없는 상황이며, 심지어 약의 효과에 대해 회의적인 연구 결과도 발표되었다. 그런데 의아한 것은 이에 관한 정보를 신문이나 방송에서는 찾아볼 수가 없다는 점이다.

공공상담소 마음의 증상을 말하다

ADHD 아이들의 행동을
이해해보자

H군은 초등학교 4학년이다. 어려서부터 조심성이 없어서 자주 넘어지고 높은 곳에서 떨어지곤 해서 많이 다쳤다. 한자리에 가만히 앉아 있지 못하고 계속해서 손을 꼼지락거리거나 다리를 떨곤 한다. 또 수업 시간에도 혼자서 딴짓을 하고, 준비물도 자주 잊어버리고 챙겨가지 않아 선생님에게 꾸중을 듣는 일이 많다. 공부는 어떤 때는 잘했다가 어떤 때는 형편없는 등 기복이 심하다. 선생님이 야단치면 몰래 청소할 때 쓰는 못 먹는 물을 선생님 주전자에 부어두거나 바닥에 압정을 떨어뜨려놓는 등의 위험한 장난을 하기도 한다. 공부를 몹시 싫어하며 엄마가 시키면 대충대충 해버린다. 그렇지만 농담을 잘하고 재미있는 장난감을 스스로 만들기도 하는 등 엉뚱한

짓을 해서 친구들에게는 인기가 있는 편이다. 그리고 컴퓨터 게임이나 스마트폰 게임이라면 복잡하고 어려운 것도 다 이해하여 하루 종일이라도 집중해서 한다. H가 어렸을 때 말을 듣지 않으면 엄마는 자주 매를 들었는데, 이제는 덩치가 커져서 엄마가 매를 들면 자기도 주변에 있는 물건을 들고 대든다. 이제 부모는 힘으로는 H의 행동을 통제할 수가 없게 되었다.

ADHD 아동은 충동적이고 산만한 행동으로 자신과 주변 사람들을 다치게 할 수도 있다. 보통은 산만해 보이지만, H처럼 자신이 좋아하는 스마트폰이나 컴퓨터 게임은 하루 종일이라도 몰입해서 하는 놀라운 집중력을 보인다.

또 다른 아동의 사례를 통해 ADHD의 증상을 이해해보도록 하자.

초등학교 2학년인 B군은 어려서부터 매우 부산하고 산만하며 버릇없다는 소리를 많이 들었다. 단체 생활을 시작하는 유치원 때부터 친구들을 아무 이유 없이 급작스럽게 때리는 바람에, B군은 수차례 주의를 받았지만 초등학교 2학년인 현재까지도 전혀 고쳐지지 않았다. 담임교사의 말에 따르면, B군은 수업 시간에 콧노래를 부르고 떠들며, 옆에 앉은 아이를 건드리거나 때리곤 한다. 교사가 제지하면 욕을 하는데, 한번 욕을 시작하면 한 시간이고 두 시간이고 계속 중얼거린다. 이런 B군을 학급 친구들도 싫어해서 쉬는 시간에 혼자서 보내는 경우가 많다. 도저히 교사 혼자만의 힘으로는 B군을 훈육할 수 없어, 얼마 전부터는 B군이 가장 무서워하는 외할머니가 교실 뒤에서 수업 시간 내내 함께하고 있다. B군은 종종 수업 시간에 자리에 가만히 앉아 있지 못하고 돌아다니기도 하는데, 담임교사가 여러 번 주의를 주면 그제야 혼잣말로 욕을 하며 자리에 가서 앉는다. 그나마 외할머니가 함께 교실에 있으면서 제지를 한 후 이런 행동이 줄어들었다.

얼마 전 B군은 친척 결혼식에 부모님과 함께 참석했는데, 부모의 주의에도 불구하고 어른들이 식사하는 자리에 끼어들어 마구 음식을 집어먹고 뛰어다니며 사람들과 부딪치는 등 무례한 행동을 하여 부모가 무척 난처했다. 이런 B군에게 야단을 치고 매를 들어보아도 산만하고 부산한 행동은 전혀 줄어들지 않는다.

두 번째 사례 아동은 음성 틱(욕)을 동반했는데, ADHD에서 문제가 되는 것이 특정학습장애나 품행장애, 적대적 반항장애, 심지어 소아 우울증까지 동반 장애의 비율이 상당히 높게 나타난다는 점이다.

9. ADHD: 주의력결핍 과잉행동장애 증상을 말하다

ADHD는 진단 기준도
주의력을 잃게 만들 정도로
복잡하다

ADHD의 DSM-5의 진단 기준은 다른 어떤 장애보다 항목이 많다. 예전에는 주의력결핍장애와 과잉행동장애를 구분해서 진단했지만, 최근 들어 두 장애를 모두 합쳐서 진단한다. ADHD의 핵심 증상은 부주의와 과잉행동–충동성인데, 아래 진단 기준을 제시했다.

주의력결핍 과잉행동장애 진단 기준

A. 기능 또는 발달을 저해하는 지속적인 부주의 및 과잉행동–충동성이 1 그리고/또는 2의 특징을 갖는다.

 1. 부주의: 다음 아홉 개 증상 가운데 여섯 개 이상이 적어도 6개월 동안 발달 수준

공공상담소 마음의 증상을 말하다

에 적합하지 않고 사회적·학업적 또는 직업적 활동에 직접적으로 부정적인 영향을 미칠 정도로 지속됨

〔주의점: 이러한 증상은 단지 반항적 행동, 적대감 또는 과제나 지시 이해의 실패로 인한 양상이 아니어야 한다. 후기 청소년이나 성인(17세 이상)의 경우에는 적어도 다섯 가지의 증상을 만족해야 한다.〕

a. 종종 세부적인 면에 대해 면밀한 주의를 기울이지 못하거나, 학업, 작업 또는 다른 활동에서 부주의한 실수를 저지름(예: 세부적인 것을 못 보고 넘어가거나 놓침, 작업이 부정확함)

b. 종종 과제를 하거나 놀이를 할 때 지속적으로 주의 집중을 할 수 없음(예: 강의, 대화 또는 긴 글을 읽을 때 계속해서 집중하기가 어려움)

c. 종종 다른 사람이 직접 말을 할 때 경청하지 않는 것처럼 보임(예: 명백하게 주의 집중을 방해하는 것이 없는데도 마음이 다른 곳에 있는 것처럼 보임)

d. 종종 지시를 완수하지 못하고, 학업, 잡일 또는 작업장에서의 임무를 수행하지 못함(예: 과제를 시작하지만 빨리 주의를 잃고 쉽게 곁길로 샘)

e. 종종 과제와 활동을 체계화하는 데 어려움이 있음(예: 순차적인 과제를 처리하는 데 어려움, 물건이나 소지품을 정리하는 데 어려움, 지저분하고 체계적이지 못한 작업, 시간 관리를 잘 하지 못함, 마감 시간을 맞추지 못함)

f. 종종 지속적인 정신적 노력을 요구하는 과제에 참여하기를 기피하고, 싫어하거나 저항함(예: 학업 또는 숙제, 후기 청소년이나 성인의 경우에는 보고서 준비하기, 서류 작성하기, 긴 서류 검토하기)

9. ADHD: 주의력결핍 과잉행동장애 증상을 말하다

g. 과제나 활동에 꼭 필요한 물건들(예: 학습 과제, 연필, 책, 도구, 지갑, 열쇠, 서류 작업, 안경, 휴대폰)을 자주 잃어버림

h. 종종 외부 자극(후기 청소년과 성인의 경우에는 관련이 없는 생각들이 포함될 수 있음)에 의해 쉽게 산만해짐

i. 종종 일상적인 활동을 잊어버림(예: 집일하기, 심부름하기, 후기 청소년과 성인의 경우에는 전화 회답하기, 청구서 지불하기, 약속 지키기)

2. 과잉행동─충동성: 다음 아홉 개 증상 가운데 여섯 개 이상이 적어도 6개월 동안 발달 수준에 적합하지 않고 사회적, 학업적 또는 직업적 활동에 직접적으로 부정적인 영향을 미칠 정도로 지속됨

〔주의점: 이러한 증상은 단지 반항적 행동, 적대감 또는 과제나 지시 이해의 실패로 인한 양상이 아니어야 한다. 후기 청소년이나 성인(17세 이상)의 경우, 적어도 다섯 가지의 증상을 만족해야 한다.〕

a. 종종 손발을 만지작거리며 가만두지 못하거나 의자에 앉아서도 몸을 꿈틀거림

b. 종종 앉아 있도록 요구되는 교실이나 다른 상황에서 자리를 떠남(예: 교실이나 사무실 또는 다른 업무 현장, 또는 자리를 지키는 게 요구되는 상황에서 자리를 이탈)

c. 종종 부적절하게 지나치게 뛰어다니거나 기어오름

〔주의점: 청소년 또는 성인에서는 주관적으로 좌불안석을 경험하는 것에 국한될 수 있다〕

d. 종종 조용히 여가 활동에 참여하거나 놀지 못함

e. 종종 "끊임없이 활동하거나" 마치 "태엽 풀린 장난감 자동차처럼" 행동함(예: 음

공공상담소 마음의 증상을 말하다

식점이나 회의실에 장시간 동안 가만히 있을 수 없거나 불편해함. 다른 사람에게 가만히 있

지 못하는 것처럼 보이거나 가만히 있기가 어려워 보일 수 있음)

f. 종종 지나치게 수다스럽게 말함

g. 종종 질문이 끝나기 전에 성급하게 대답함(예: 다른 사람의 말을 가로챔. 대화 시 자

신의 차례를 기다리지 못함)

h. 종종 자신의 차례를 기다리지 못함(예: 줄 서 있는 동안)

i. 종종 다른 사람의 활동을 방해하거나 침해함(예: 대화나 게임, 활동에 참견함. 다른

사람에게 묻거나 허락을 받지 않고 다른 사람의 물건을 사용하기도 함. 청소년이나 성인의

경우 다른 사람이 하는 일을 침해하거나 꿰찰 수 있음)

B. 몇 가지의 부주의 또는 과잉행동-충동성 증상이 12세 이전에 나타난다.

C. 몇 가지의 부주의 또는 과잉행동-충동성 증상이 두 가지 또는 그 이상의 환경에

서 존재한다(예: 가정, 학교나 직장, 친구들 또는 친척들과의 관계, 다른 활동에서).

D. 증상이 사회적, 학업적 또는 직업적 기능의 질을 방해하거나 감소시킨다는 명확한

증거가 있다.

E. 증상이 조현병 또는 기타 정신병적 장애의 경과 중에만 발생되지는 않으며, 다른

정신질환(예: 기분장애, 불안장애, 해리장애, 성격장애, 물질 중독 또는 금단)으로 더 잘 설

명되지 않는다.

9. ADHD: 주의력결핍 과잉행동장애 증상을 말하다

또한 ADHD는 주의력결핍 우세형, 과잉행동–충동성 우세형, 복합형의 세 가지 하위 유형으로 나뉜다. 지난 6개월 동안 부주의와 과잉행동–충동성의 진단 기준에 모두 해당될 때는 복합형으로 진단하고, 부주의 진단 항목에만 해당될 경우에는 주의력결핍 우세형으로, 과잉행동–충동성 항목의 진단 기준에만 해당될 경우에는 과잉행동–충동성 우세형으로 진단내린다.

사실 진단 기준을 하나씩 살펴보다 보면, 과제를 하는 데 집중을 못 하거나 외부 자극에 쉽게 산만해지거나 다른 사람의 활동을 방해하거나 침해하는 것 등은 거의 모든 아이들에게 조금씩 다 있는 특징이기도 하다. 그러니 아이의 증상에 대해 섣불리 짐작하지 말고, 부주의와 과잉행동–충동성 각각 아홉 개 중 여섯 개 이상의 행동을 지난 6개월 동안 지속적으로 나타내야만 ADHD 진단을 내릴 수 있다는 점을 기억하기 바란다. 또한 이런 행동이 최소한 두 개 이상의 장소나 환경에서 나타나야 한다. 예를 들면 집에서는 이런 행동이 두드러지는데 그 외의 장소에서는 전혀 그렇지 않은 경우에는 다른 원인을 찾아봐야 한다. 적어도 두 군데 이상의 장소라 함은 집과 학교, 그 외 아이가 주로 활동하거나 생활하는 장소 중 최소 두 군데 이상에서 이런 행동을 보여야 한다는 것이다.

다양한 환경에서 증상이 나타나는지 정확히 확인하기 위해서는 이러한 환경에서 아동을 관찰하는 사람에게 자문을 구해야 하는데,

바로 이 지점에서 관찰자의 주관이 개입될 가능성이 있다는 것 또한 유념해야 한다. 예를 들어 어떤 부모는 매우 엄격한 기준을 가지고 진단 항목에 대해 "매우 자주 그렇다"라고 대답할 수 있고, 어떤 부모는 관대한 기준을 가지고 "아주 가끔 그렇다"라고 대답할 수 있다. 아이의 똑같은 행동을 놓고도 평가가 다를 수 있다는 것이다.

　부주의 진단 항목을 보면, '종종 과제를 하거나 놀이를 할 때 지속적으로 주의 집중을 할 수 없음(예: 강의, 대화 또는 긴 글을 읽을 때 계속해서 집중하기가 어려움)'이란 항목이 있는데, 이렇게 주의 집중을 못 하는 아이들을 훈육할 일이 있을 때 '생각하는 의자'를 사용하는 경우가 있다. 그렇다면 과연 생각하는 의자에 아동을 몇 분 동안 앉혀야 효과가 있을까? 이에 대한 힌트는 학습심리학에서 말하는 연령별 집중 시간에서 찾을 수 있다. 예를 들면 5세는 5분, 10세는 10분이 연령별 적절한 집중 시간이며, ADHD는 이 시간 동안 집중을 할 수 있느냐 못 하느냐와 관련이 있다.

옛날 아이들보다
요즘 아이들이 더 산만하다?

ADHD는 현재 소아, 청소년기에서 발병하는 정신장애 중 가장 높은 발병율을 보인다. DSM-5에 따르면 대부분의 문화권에서 아동의 약 5퍼센트, 성인의 약 2~5퍼센트에서 나타난다.

우리나라의 경우, 2012년 기준으로 학령기 아동 480만 명 가운데 26만 명 정도가 ADHD이거나 그렇다고 의심된다는 조사가 있다. 또한 대한소아청소년정신의학회 자료에 따르면 유치원에 다니는 유아의 약 3~5퍼센트가 ADHD이며, 남자 유아들이 여자 유아들보다 3~4배가량 더 많은 것으로 나타났다.

하지만 'ADHD 인플레이션' 현상을 한번 의심해볼 필요가 있다. ADHD가 과잉 진단된다는 의심을 지울 수가 없기 때문이다. 입시교육과 경쟁적 환경에서 조금만 규율을 어기거나 튀는 행동을 하는 아이들을 모두 ADHD로 낙인찍어버리는 것일 수도 있다. ADHD라는 진단명을 알게 되면서 너무 많은 아이들을 쉽게 이 범주에 넣어버리는 것은 아닌지 생각해보아야 한다. 그리고 정작 아이들을 그렇게 만든 어른들은 책임으로부터 비켜가는 것은 아닌지도 말이다.

왜 주의력이 결핍되고
과잉행동을 하게 된 걸까

그렇다면 ADHD와 같은 증상은 왜 생기는 것일까? 보통 생물학적 원인, 가족 맥락, 사회적인 맥락 등이 복합적으로 작용하여 ADHD가 발생한다고 보는데, 그 원인이 다양하지만 어느 한 가지만을 단정 지어 '딱 이것 때문이다'라고 말할 수는 없다.

최근 가장 많이 거론되는 원인론은 생물학적 원인이다. 뇌의 전두엽에서 학습, 자기통제, 동기부여 등을 관장하는데 여기에는 도파민 및 노르에피네프린 등의 신경전달물질이 중요한 작용을 한다. 이러한 신경전달물질이 부족하거나 이상이 있을 경우 ADHD가 유발된다고 보는 것이다.

크리스타키스(Christakis) 연구팀은 뇌 발달의 결정적인 시기인 이른

나이에 텔레비전 시청이 ADHD 증상의 위험을 높이는지 아닌지에 대해 연구를 했다. 연구 결과, 0~7세까지에 걸쳐 주의 집중력 문제의 위험은 아동기 동안 텔레비전 앞에서 보내는 시간과 비례하여 직접적으로 증가했다. 하루 두 시간의 텔레비전 시청은 ADHD의 위험을 10~20퍼센트 증가시키며, 텔레비전을 전혀 보지 않는 아동 집단과 비교해 ADHD로 진단될 위험을 30~40퍼센트 증가시켰다. 연구 결과는 아동의 뇌 발달 시기에 스마트폰이나 컴퓨터에 노출될수록 ADHD 발병이 더 높아질 것이라는 유추도 가능하다. 말도 제대로 못 하는 어린아이가 떼를 쓰거나 울면 부모는 스마트폰을 쥐여주며 울음을 잠재우려 한다. 하지만 부모들의 이러한 태도로 인해 아동의 뇌신경학적인 문제가 유발될 가능성을 배제할 수 없다.

두 번째 생물학적 원인으로는 무분별한 약물 섭취이다. 21세기를 살고 있는 사람들은 인류 역사상 약물에 가장 많이 노출된 세대들이다. 좋은 것이라고 믿고 많은 영양제, 진통제, 치료제 등을 먹지만, 막상 이 약들이 우리 몸에 어떤 영향을 끼치는지에 대해서는 정확히 모른다. 사실 어떤 약을 1년 복용했는데 그것이 30년 후에 우리 몸에 어떤 영향을 미칠지 누가 알겠는가. 이 시대에 ADHD가 유독 많은 것은, 한국사회가 급격히 근대화되면서 많은 약품들이 소개되었고, 이 과정에서 오남용된 약품이 그 원인 중 하나가 아닐까 의심해 본다. 약의 잔여물이 엄마와 아빠의 몸에 남아서 아이에게 전해졌을 가능성을 염두에 둔다면 말이다.

하지만 무엇보다 ADHD의 원인과 조건에 대해서 가장 설득력 있는 설명은 발달심리학과 정신분석적 설명이다. 임상 현장에서 만나는 ADHD 아동의 가정에서 발견되는 특징적인 가족 역동이 있는데, 대체로 부모 한쪽, 특히 주 양육자인 어머니의 성향이 히스테릭하고 지나치게 통제적이며 비판적인 특성을 가졌다는 것이다. 이는 발달심리학적 관점에서 부모의 태도가 ADHD의 발병에 결정적인 영향을 끼친다는 주장에 힘을 실어준다. 이런 양육자는 아이의 자연스러운 발달에 관심을 기울이기보다 자신의 감정과 기준에 근거해서 아이의 행동을 통제한다. 아이에게 비난과 지시를 일상적으로 하며, 아이의 정서 상태에 대해서는 거의 주의를 기울이지 않는다.

아이는 원래 양육자의 통제를 따르지 않으려는 특징이 있어서 부모의 통제력 밖에서 살아남기 위해 자기 행동 범위를 넓히려는 모습을 보인다. 그래서 특히 자신을 통제하는 양육자가 없는 곳이나 통제가 미치지 않는 상황에서 더 산만하게 행동을 한다. 그리고 자신의 무차별적인 행동이 타인에게 자극을 주고, 그것이 자신에 대한 관심으로 이어진다는 것을 무의식적으로 느낀다. 아이가 자신이 받아야 할 타인의 주의와 관심을 부정적으로나마 지속시키는 경험을 하게 되면, 부정적인 행동을 계속하는 악순환이 일어나고 만다.

올바른 주의를 기울여주지 않아
주의력이 결핍된 건 아닐까

ADHD의 진단명은 그 자체에 많은 상징과 이야기를 내포하는 대표적인 이름이다. 정신분석가 라캉(Lacan)이 "해답은 표면에 있다"라고 말한 것처럼, ADHD라는 진단명이 바로 병의 원인에 대한 설명일 수도 있다. 아이에게 주의력이 결핍되어 있다는 건, 어쩌면 아이에 대한 부모의 주의가 결핍되었다는 얘기일 수 있다. 아이에게 올바른 주의를 기울이지 않는 부모 밑에서 자랐기 때문에 아이는 올바른 주의력을 습득할 기회를 갖지 못한 것일 수도 있다.

또한 만약 부모의 주의가 아이의 행동에만 과잉되게 집중되어 있고, 아이에게 정말 필요한 애정과 관심은 결핍되어 있다면, 아이는 자신에게 시의적절하고 정확한 주의를 기울이지 않는 부모의 주의를 끌기 위해 과잉행동을 할 것이다. 그리고 이런 방식이 마음의 습관으로 자리 잡은 것이 ADHD로 발전했을 수도 있다. 사실 이런 양육 환경은 상담 현장에서 자주 볼 수 있는 사례이다.

물론 신경계통의 이상으로 ADHD가 발생할 수도 있고, 여러 가지 다른 사회 문화적 맥락에서 강화될 수도 있겠지만, 아이들의 문제적 행동은 먼저 심리적인 원인을 밝히고 그것을 해소하도록 돕는 것이 가장 중요하다. 많은 부모들이 아이의 행동과 성취에는 관심을 기울이면서 정작 아이의 정서와 감정에는 무관심하고 주의를 기울이지 않는다. 이로 인해 아이들은 자신이 받아야 할 관심이 결핍되었다고 느끼고, 부모의 주의를 끌거나 교란시키기 위해 과잉으로 행동하는 방식을 택한 것은 아닌지 고민해봐야 한다.

ADHD에는 여러 가지 치료 방법이 있겠지만 무엇보다 중요한 것은 아이에게 진심을 다해, 적절한 관심을 기울이는 것이다. 아이가 어른들의 주의를 끌기 위해 과잉행동을 하고 이러한 행동이 하나의 패턴이 되어버렸다면, 이것을 건강한 순환으로 전환하려는 노력이 필요하다.

아이의 과잉행동은 자신의 정서와 마음에 관심을 가져달라는 표현이다. 이 아이의 존재, 감정, 원하는 것에는 주의를 기울이지 않고 아이의 행동에만 과잉되게 주의를 기울인다면 회복될 가능성은 희박하다. 또 그러한 기간 동안 아이가 겪어야 할 사회적 좌절과 차별은 마음에 또 다른 상처로 남게 된다.

앞서 언급했듯이 약을 써서 증상을 잠재울 수도 있고, 잠깐 동안 주의력결핍과 과잉행동의 문제를 소거할 수도 있다. 하지만 그럴 경우 아이의 마음에 자리 잡은 깊은 그늘이 성인이 되어서 어떤 방식으로 드러날지는 아무도 모른다.

9. ADHD: 주의력결핍 과잉행동장애 증상을 말하다

10

품행장애와
반사회성 성격장애
증상을 말하다

알베르 까뮈의 소설《이방인 L'Étranger》에서 주인공 뫼르소는 알제리인을 죽인 이유가 '햇빛이 너무 따가워서였다'고 법정에서 진술한다. 뫼르소의 행동에 대해 다른 증인들은 어머니의 장례식 때 전혀 감정의 동요 없이 무료하게 지냈다는 것과 장례식을 마치자마자 여인과 수영을 하고 섹스를 즐겼다는 것을 법정에서 증언한다. 뫼르소는 죄의식과 양심의 가책을 강요하는 신부의 조언에도 자신은 전혀 죄의식을 느끼지 못하고 반성하지도 않는다고 고함친다. 최후의 심판이 다가오고, 뫼르소는 '인간은 언젠가는 죽는다'는 평범한 진리 속에서 '결국 자신도 죽을 것'이라는 결론을 도출하면서 항소마저 거부하고 교수대로 향한다.

《이방인》에 묘사된 뫼르소의 행동은 희생자에 대한 아무런 양심의 가책을 느끼지 못하며, 감정도 배려도 없는 사이코패스(psychopath)의 성향과 흡사하다. 우리가 신문의 사회면에서 접하는 흉흉한 사건들을 볼 때 사이코패스의 짓이라고 예상하는 이유도 그들의 이런 성향 때문이다. 그런데 흔히들 반사회성 성격장애를 사이코패스와 동의어로 생각하고 혼동하기 쉬운데, 실제로 반사회성 성격장애자들의 극소수만이 사이코패스라고 알려져 있다. 예를 들어, 교도소 수감자의 50~80퍼센트가 반사회성 성격장애를 가지고 있으나, 이들 중 15퍼센트만이 사이코패스이다. 반사회성 성격장애와 사이코패스의 차이점에 대해서는 뒤에서 다시 이야기할 것이다.

반사회성 성격장애가 속해 있는 DSM-5 내의 범주는 '파괴적, 충동조절 및 품행장애'이다. 이 범주 안에는 적대적 반항장애, 품행장애, 반사회성 성격장애, 간헐적 폭발장애, 도벽증, 방화증 등이 포함되어 있다. DSM-5의 다른 장애들도 정서 및 행동 조절 문제를 포함하고 있기는 하지만, '파괴적, 충동조절 및 품행장애'에 속해 있는 증상들은 정서 및 행동에 대한 자기조절 문제로 인해 타인에게 실제적인 피해를 주고 위협적 행동을 한다. 다른 사람의 권리를 침해하는 것(공격성, 재산 파괴 등), 그리고 사회적으로 위법 행위를 하거나, 권위자나 권력 조직과 현저한 갈등을 유발하는 행동을 보인다는 점이 특징이다.

이번 장에서는 품행장애와 반사회성 성격장애를 같이 설명하려고 한다. 현재까지 가장 효과적이라고 밝혀진 반사회성 성격장애의 예방 방법이, 어릴 때 품행장애를 보이거나 불우한 가정환경과 지역 환경에서 유년 시절을 보낸 청소년과 그들의 부모를 상대로 전문적인 교육과 상담을 행하는 것이기 때문이다. 품행장애를 보인 아동청소년을 대상으로 부모와 교사의 관심과 상담이 이루어진다면 극단적인 반사회성 성격장애를 지닌 어른이 되는 걸 예방할 수 있다. 따라서 개인과 사회를 위해 품행장애가 반사회성 성격장애로 이어지지 않도록 각자의 자리에서 관심을 기울이기를 당부하고 싶다.

품행장애 증상을 말하다

아이들의 일탈과 비행은 품행장애다?

   품행장애는 사회에서 용인되지 않는 행동들, 즉 타인의 기본 권리 또는 연령에 맞는 적절한 사회규범, 규칙에 대해서 굉장히 공격적이고 도전적 행위를 반복하는 것이다. 이런 지속적인 위반 증상에 공격성도 동반되며, 가족관계뿐만 아니라 학교생활과 사회생활 전반에 걸쳐서 나타난다. 사회적으로는 일탈 행동, 법률적으로는 청소년 비행에 해당되는데, 아이들의 일시적 일탈이나 비행과는 구분해야 할 지점들이 있다.

   아이들이 학교에 가지 않거나, 밤늦게까지 귀가하지 않거나, 또는 가출을 하는 행위가 DSM-5 품행장애의 진단 기준에는 분명 들어 있다. 그렇지만 단순히 그런 행동만을 가지고 품행장애 진단을 내려야 하는지에 대해서는 논란이 많다. 그런 행동을 하는 심리적인 이유와 근거를 이해해야 하며, 여러 가지 판단 기준을 고려해야 한다는 것이다.

품행장애의 증상은 흔히 여러 형태의 공격적 행동으로 나타난다. 공격적인 반사회적 행동으로는 힘없는 약자를 괴롭히거나, 사람들에게 심한 욕설을 하거나, 사람이나 동물을 때리거나 던지는 폭력적인 행위 등을 들 수 있다. 특히, 품행장애 아이들은 어른들에게 반항적이고 적대적이며 복종하지 않는 경향이 있다. 또한 잦은 학교 결석, 흡연, 음주, 약물남용과 더불어 거짓말, 잦은 가출, 공공기물 파괴 행동 등을 한다. 이때 무엇보다 가장 큰 특징은 자신의 잘못된 행동에 대해 죄책감을 느끼거나 후회를 하지 않으며, 다른 사람의 탓으로 돌린다는 점이다. 그래서 품행장애 진단의 명확한 기준이 법정구속까지 가야 할 정도의 사회적 심각성을 내포한 행위를 했을 때 죄책감을 갖는가 아닌가 여부이다.

또한 이에 대해 처벌하면 문제행동을 자제하는 것이 아니라 오히려 반항심과 분노를 느껴 더 심한 문제행동을 하는 경향이 있다. 이 때문에 품행장애를 보이는 아동이나 청소년은 대부분 가정이나 학교에서 비행을 일삼는 문제아로 낙인이 찍히고, 그에 대한 반항으로 다시 비행을 하게 되는 악순환이 반복된다.

10. 품행장애와 반사회성 성격장애 증상을 말하다

품행장애와 비슷한 행동을 보이는 유사 장애들

품행장애가 무엇인지 보다 분명하게 이해하고, 다른 유사 장애를 모두 품행장애로 범주화하는 오해를 막기 위해 유사한 다른 장애들을 살펴보려고 한다.

많은 연구들을 통해 품행장애와 ADHD 사이의 연계성이 확인되고 있다. 그러나 ADHD가 언제나 품행장애로 이어지는 것은 아니다. ADHD와 함께 공격성(예를 들어, 다른 사람에게 싸움을 걸거나 괴롭히거나 협박하는 등의 행위), 성인이나 권위적인 대상에 대한 불복종과 같은 반항적 행동을 보이는 아동만이 미래에 품행장애로 발전될 가능성이 높다.

아동기의 적대적 반항장애와 품행장애 또한 어떤 면에서 비슷한 특성을 보이기도 한다. 적대적 반항장애는 평균 6세 정도에 시작되고 품행장애는 9세 정도에 시작되어, 적대적 반항장애가 품행장애보다 더 빨리 발병하는 것으로 알려져 있다. 품행장애와 적대적 반항장애의 차이점은 품행장애가 기본적으로 거짓말하고 때리고 뺏는 등 여러 가지 범법 행위를 하고 대상도 무차별적이고 광범위한 반면, 적대적 반항장애는 주로 권위적인 성인만을 대상으로 삼는다는 점이다. 그래서 적대적 반항장애를 가진 사람들은 친구나 동료보다는 선생님 또는 아버지나 어머니, 권위적인 대상에게만 집중적으로

공공상담소 마음의 증상을 말하다

반감을 드러내거나 적대적 행위를 한다.

또 다른 유사한 장애 중에 IED(Intermittent Explosive Disorder)라 불리는 간헐적 폭발장애가 있다. 주변에서 어렵지 않게 볼 수 있으며, 종종 사회적으로 심각한 문제가 되는 증상이다. 예를 들면 최근 뉴스에서 사회 문제로 자주 거론되는 보복운전이나 이로 인한 주먹다짐과 폭행, 주차나 층간 소음 문제로 시비가 붙었을 때 화를 참지 못하고 방망이를 휘두르는 행동, 화가 난다고 집 안의 물건들을 마구 집어 던지는 행위, 동물 등을 집어던져 상해를 입히는 행동 등이다. 저 물건을 던지면 무슨 일이 발생할 줄 알면서도 분노를 참지 못하고 깨고 부수는, 쉽게 말해 '욱' 하고 흥분했을 때 충동적인 공격성을 통제하지 못하고 행동으로 발산해버리는 것이다. 이런 행위를 1년에 세 번 이상 할 경우 IED로 진단할 수 있다. 그런데 간헐적 폭발장애는 공격적 행동 폭발이 계획적이거나 뒷일을 생각하고 하는 행위가 아니라 충동적이고 분노에 의해 유발된 것들이다. 그리고 이 장애는 지속적이지 않고, 행위 후에 반성을 하기도 한다는 면에서 품행장애, 반사회성 성격장애와 구별된다.

품행장애와 성인기의 반사회성 성격장애는 매우 밀접한 관계가 있다. 반사회성 성격장애의 성인들은 거의 예외 없이 어린 시절에 품행장애의 진단 기준에 부합되는 행동 특성을 보였다. 물론 품행장애 아동 모두가 반사회적 성격을 가진 성인으로 자라는 것은 아니다. 품행장애를 가진 아동, 청소년들 중 소수만이 성인기에 이르러 만성적이고 치유가 어려운 반사회성 성격장애로 발달하는 것이다. 품행장애가 어린 나이에 발병할수록, 그리고 다양하고 지속적인 품행 문제행동을 보일수록 반사회성 성격장애로 발달할 가능성이 높다.

대부분의 반사회적 행동이 아동기에서 기원한다 할지라도 위험군 아동의 절반 이하만이 반사회적인 성인으로 성장한다. 품행장애 고위험군의 남자아이들이 반사회적 성격의 성인이 되지 않도록 보호해주는 보호 요인을 찾기 위해 콜빈(Kolvin)과 동료들은 종단연구를 실행했다. 연구 결과 여러 보호 요인들을 밝혀냈는데, 생후 처음 5년간 좋은 양육 환경과 보살핌, 긍정적인 사회적 분위기, 불리한 경험(예를 들어 사고 등)을 되도록 하지 않는 것이 보호 요인이었다. 청소년기 초기의 보호 요인은 부모의 적절한 관심과 감독, 발달적 지연이 없는 것, 상대적으로 높은 지능과 학업 성취, 순한 기질, 좋은 또래 관계, 친사회적 활동 등이 있었다.

품행장애 아이들의 행동을 이해해보자

중학교 3학년인 G군은 최근 저학년 학생을 때리고 위협해 돈과 스마트폰을 빼앗았다. 이 일로 인해 학교폭력대책위원회에서 징계를 받고 부모의 손에 이끌려 상담실에 오게 되었다. G군은 자신의 행동을 가지고 왜 어른들이 난리를 치는지 도저히 이해할 수가 없다며, 단지 '재수 없게' 걸린 것이 원통하다고 말했다.

G군은 평소 수업 시간에도 매우 산만하고 옆 학생들을 괴롭혀 수업 진행을 어렵게 만드는데, 지적하는 선생님에게 큰 소리로 심한 욕설을 내뱉으며 책상을 박차고 일어나 교실을 떠난 적도 있다. 또한 결석과 지각도 자주 하는데, 담임선생님은 "G는 마치 대학생처럼 자기 마음대로 학교를 드나드는 것 같다"라고 말할 정도였다. G군은 아침에 학교 갈 시간에 집을 나와 주로 PC방에서 게임을 하며 시간을 보냈다고 한다. 용돈이 부족할 때면 부모의 지갑에서 몰래 돈을 꺼내가고, 인터넷 게임에서 져 화가 나거나 부모의 잔소리로 짜증이 나면 키우는 애완견을 발로 차고 던지는 등 못살게 굴기도 한다. 부모가 이런 행동을 꾸짖으면 가출하겠다고 오히려 협박을 한다.

품행장애에서 드러나는 여러 가지 행동적인 특성들을 보면, 첫째 사회적으로 무책임하며, 둘째 굉장히 폭발적이며 공격적이고, 셋째 죄책감이 없다. 그중에서도 아이들이 범법 행위에 대해 어떤 태도를 가지고 있는지, 즉 죄책감이 없는가 있는가가 관건이기 때문에 이를 잘 살펴보아야 한다. 그러나 아이들이 현재 품행장애 진단 기준에

10. 품행장애와 반사회성 성격장애 증상을 말하다

부합하는 행위들을 하고 즉각적으로 반성하지는 않더라도, 상담이나 다른 성찰 과정을 거쳐 이후에라도 죄책감을 느낀다면 품행장애의 치료는 희망적이다. 다음 사례의 K군이 바로 그런 경우이다.

K군은 고등학교를 그만둔 열여덟 살의 학교 밖 청소년이다. K군은 어렸을 때부터 부모나 선생님의 말을 잘 듣지 않고 자기 주관대로 행동하는 경우가 많았다. 학창 시절 내내 왜 학교를 가야 하는지 납득할 수 없다며 부모와 끊임없이 갈등을 일으켰다. 무단결석을 하기도 하고, 수업 시간 중에 가방을 싸서 PC방으로 간 적도 많다. 호되게 나무라는 엄마와 선생님을 밀쳐 넘어뜨려 다치게 하기도 했다. 1년 전에 친구들과 재미 삼아 도서관에서 책을 훔쳐 나오다가 발각되자, 충동적으로 창문에서 뛰어내려 다리를 심하게 다쳤다. 친구들도 함께 절도를 했는데, 마지막으로 나오던 자신만 걸린 것이 너무 억울해서 그랬다고 한다. 그 사건 이후, 부모도 더 이상 K군에게 학업을 강요하지는 않았고, 이후 집에서 생활하고 있다. K군은 6개월 전부터 학교 밖 청소년을 위한 모임에서 멘토를 만나 마음을 터놓고 이야기하는 시간을 갖고 있다. 이런 경험을 통해 차츰 자신의 지난 행동에 대해 후회하기 시작했다. 그리고 '사회학자'라는 꿈을 갖게 되면서 대학도 가려고 준비 중이다.

어떤 행동을 할 때 품행장애로 진단내릴 수 있을까

품행장애의 진단 기준

A. 다른 사람의 기본적 권리를 침해하고 연령에 적절한 사회적 규범 및 규칙을 위반하는 지속적이고 반복적인 행동 양상으로, 지난 12개월 동안 다음의 기준 중 적어도 세 개 이상에 해당되고, 지난 6개월 동안 적어도 한 개 이상의 기준에 해당된다.

사람과 동물에 대한 공격성

1. 자주 다른 사람을 괴롭히거나, 위협하거나, 협박함

2. 자주 신체적인 싸움을 검

3. 다른 사람에게 심각한 신체적 손상을 입힐 수 있는 무기 사용(예: 방망이, 벽돌, 깨진 병, 칼, 총)

4. 다른 사람에게 신체적으로 잔인하게 대함

5. 동물에게 신체적으로 잔인하게 대함

6. 피해자가 보는 앞에서 도둑질을 함(예: 노상강도, 소매치기, 강탈, 무장강도)

7. 다른 사람에게 성적 활동을 강요함

재산 파괴

8. 심각한 손상을 입히려는 의도로 고의적으로 불을 지름

9. 다른 사람의 재산을 고의적으로 파괴함(방화로 인한 것은 제외)

사기 또는 절도

10. 다른 사람의 집, 건물 또는 자동차를 망가뜨림

11. 어떤 물건을 얻거나 환심을 사기 위해 또는 의무를 피하기 위해 거짓말을 자주 함(즉, 다른 사람을 속임)

12. 피해자와 대면하지 않은 상황에서 귀중품을 훔침(부수거나 침입하지 않고 상점에서 물건 훔치기, 문서 위조)

심각한 규칙 위반

13. 부모의 제지에도 불구하고 13세 이전부터 자주 밤늦게까지 집에 들어오지 않음

14. 친부모 또는 양부모와 같이 사는 동안 밤에 적어도 2회 이상 가출, 또는 장기간 귀가하지 않은 가출이 1회 이상 있음

15. 13세 이전에 무단결석을 자주 함

B. 행동장애가 사회적, 학업적 또는 직업적 기능 영역에서 임상적으로 현저한 손상을 초래한다.

C. 18세 이상일 경우, 반사회성 성격장애의 기준에 부합되지 않는다.

*Reprinted with permission from the Diagnostic and Statistical manual of Mental Disorders,
Fifth Edition, (Copyright 2013). American Psychiatric Association.*
한국어판: DSM-5 정신질환의 진단 및 통계 편람(제5판), (주)학지사, 2015

10세를 기준으로 10세 이전에 품행장애의 특징적인 증상 중 적어도 한 개 이상을 보이는 아동기 발병형과, 10세 이전에는 품행장애의 특징적인 증상을 전혀 보이지 않는 경우의 청소년기 발병형으로 나뉜다. 이외의 세부 항목이 여러 가지가 있는데, 대체로 타인의 정

서에 공감하지 못하는 공감의 결여와 피상적이거나 깊이가 없는 정서를 느끼는 것 등이 포함된다. 이러한 공감의 결여와 피상적인 정서를 지닌 장애 중에 아스퍼거신드롬(Asperger's syndrome)이 있다.

아스퍼거신드롬은 자폐증과 유사한 면이 있지만, 자폐증보다는 훨씬 더 사회적 생활을 잘하고 일상생활을 하는 데 거의 문제가 없다. 아스퍼거신드롬의 가장 큰 특징은 기계나 컴퓨터 프로그래밍과 같은 기능적인 일에 탁월한 경우가 많다는 것이다. 그리고 품행장애의 특징 중 하나인 타인과의 교감, 공감이 잘 일어나지 않는다는 유사점이 있지만, 자신이나 타인에게 해를 끼치지 않는다는 면에서 그 특성이 전혀 다르다.

품행장애는 여학생보다 남학생이 더 많다

남학생의 발병률이 여학생에 비해 훨씬 더 많다. 연구에 따라 많게는 대여섯 배 차이가 나기도 한다. DSM-5에 따르면 미국의 연간 유병률은 2~10퍼센트 범위로 추정되고, 중앙값은 4퍼센트다. 품행장애의 유병률은 아동기에서 청소년기로 갈수록 증가하며, 여성보다는 남성에게서 더 높다. 18세 이하 남자의 경우는 6~16퍼센트, 여자의 경우는 2~9퍼센트를 나타낸다. 남자와 여자의 비율은 남

4~12 : 여 1 정도로 추정된다.

10~20세까지의 연령에 따른 출현 양상도 서로 다른 것으로 알려져 있는데, 남자의 경우는 9~11세에 가장 높은 출현율을 보이다가 그 이후로는 줄어드는 양상이다. 그러나 여자의 경우 전반적인 출현율은 남자보다 낮지만 10대 중반에 가장 높다. 또 다른 자료에서는 8세 이하에서 발병하는 경우도 많다고 한다.

왜 품행장애를 갖게 되는 걸까

일반적으로 품행장애는 유전적 요인이나 미세한 뇌손상, 남성 호르몬인 테스토스테론 등의 생물학적 요인과 부모의 성격이나 양육 방식과 같은 심리사회적 요인이 복합적으로 작용하여 나타나는 것으로 알려져 있다.

가장 유력한 요인이라 볼 수 있는 것은 부모의 양육 태도와 가정환경이다. 부모의 양육 태도가 강압적이고 폭력적인 경우, 품행장애가 발생할 가능성이 높은 것으로 나타났다. 실제 상담실에서 품행장애 청소년들을 만나보면, 신체적, 언어적 폭력을 경험했으며, 이런 가정환경을 만들어내는 가혹한 부모를 둔 경우가 많았다. 품행장애 청소년의 특징 중 하나가 공격성인데, 이들은 부모의 공격성을 서서히 내면화하고, 더불어 분노를 조절하거나 통제하는 법을 배울 수가 없었을 것이다.

발달심리학자들에 따르면, 아이에게 너무 엄격한 원칙을 적용하고 자율성을 허용하지 않는 부모 또는 이와 정반대의 양육 태도를 보이는 부모보다, 비일관적인 양육 태도를 보이는 부모들이 아이의 품행장애 발병에 더 큰 영향을 미친다고 한다. 각각 다른 원칙을 적용하는 엄마와 아빠, 또는 한 부모라도 같은 상황에서 요구하는 원칙이 다를 때, 아이가 품행장애를 가질 가능성이 높아지는 것이다. 예를 들어 아이가 학교에 갔다 오면 어떤 날은 씻고 밥 먹으라고 했다가 어떤 날은 밥부터 먹고 씻으라고 한다든지, 또는 엄마가 요구하는 것과 아빠가 요구하는 것이 서로 다른 경우이다. 이럴 때 아이는 둘 중 하나를 선택하는 것이 아니라 아무것도 선택할 수 없다. 부모가 요구하는 상반된 원칙이나 기준 중 하나를 선택하지 못하기 때문에 이를 완전히 폐기시켜버리는 것이다. 이런 양육 환경에서 자라는 아이들이 어떠한 사회적 도덕이나 규범도 받아들이지 않는 상황이 지속되면 품행장애로 발전할 수 있다. 부모의 가치가 서로 다르거나, 부모와 사회가 요구하는 가치가 충돌되면 아이들을 혼란을 느낀다.

일반적으로 10대들은 이른바 사춘기를 맞이하면서 어른들이 만든 규범이나 제도에 반감을 가지고, 그런 구조들을 뚫고 파열시키는

10. 품행장애와 반사회성 성격장애 증상을 말하다

행위들을 한다. 이런 제도 부정적 태도는 아이가 성인으로 성장하는 데 하나의 통과의례이다. 어른이 되는 과정에서 발생하는 이런 일탈적인 행위들까지 품행장애의 증상으로 몰아세울 수는 없다.

정말 우리 어른들이 알아야 할 중요한 사실은 이런 품행장애라는 심리적 환경에 처한 아이들까지도 적절하고 안전하게 보호하고 지지해주어야 한다는 것이다. 이런 울타리가 없을 때 아이들은 자신과 타인에게 위험하며 사회적으로도 용인되지 않은 행위를 저지르게 된다. 집단적으로 약자를 때리고 괴롭히거나, 가출팸과 같은 유사가족을 만들거나 하는 행동들이 그 예들이다. 가출팸 안에서 누군가는 유사부모가 되고 또 누군가는 유사자녀가 되어 자기들만의 규칙을 만들고, 그 안에서 또다시 왕따가 생기고 집단 폭행이 일어난다.

이런 아이들은 "어른은 누구도 못 믿는다"라고 말한다. 이렇게 어른들이 아이들에게 요구하는 가치가 신뢰성을 잃고, 어른들이 제공하는 환경이 일관성과 지속성이 없으며 안전하지 못한 것이 바로 품행장애를 만드는 환경인 것이다.

품행장애 치료를 위해 함께해야 할 일들

사실 품행장애는 치료가 쉽지 않다. 무엇보다 이 아이들은 세상과

공공상담소 마음의 증상을 말하다

어른을 쉽게 신뢰하지 않기 때문에 '관계' 맺기가 어렵다. 그러나 희망이 없는 것은 아니다.

몇 년 전, 린 램지 감독의 영화 〈케빈에 대하여〉(2011)를 보고 큰 충격을 받았다. 열여섯 살에 살인자가 된 아들을 둔 엄마가 임신에서부터 현재까지의 아이의 성장 과정을 되짚어보며, 잔인한 살인자가 된 원인을 찾으려고 애쓰는 모습을 그린 영화다. 영화에서 케빈의 엄마는 내내 아이를 책임지지 않으려고 발버둥 친다. 그러다가 남편과 딸의 죽음을 겪고 나서야 자기가 무슨 짓을 했는지 깨닫는다. 아들이 살인자가 된 후, 그녀는 마을을 떠나지 않고 살인자의 엄마라는 이유로 가해지는 무서운 멸시의 고통을 견디며 감당해낸다. 자신을 냉담하게 대하는 아들의 면회도 묵묵히 간다. 그러자 케빈이 엄마에게 "성인 교도소에 가면 어떤 일이 생기는지 알아?"라며 불안하고 힘든 마음속 얘기를 하기 시작한다.

품행장애를 가진 아이에게는 예측 가능하고 안정적인 관계를 맺어보는 경험이 근본적이고 효과적인 도움이 된다. 부모나 주변의 어른들이 그런 역할을 해줄 수만 있다면 가장 좋은 치유적 경험이 될 것이다. 만약 힘들다면, 그런 경험을 제공하기에 가장 좋은 것이 바로 상담이다. 상담은 아이들이 일주일에 한 번씩(또는 여러 차례) 지속적이며 안정적으로 자신의 이야기를 들어주는 어른을 만나는 경험을 할 수 있는 기회이다. 같은 요일, 같은 시간에 그 자리에 가면 나를 기다리고 나와 이야기하고 나를 견뎌주는 사람이 있다는 경험은 그 자체만으로도 치유가 된다. 이런 경험을 장기간(최소 6개월에서 1년 이상) 할 수 있다면, 아이들은 누군가와 관계를 맺는다는 것이 가치 있는 일임을 알게 되고, 돌봄 받은 경험을 바탕으로 타인을 돌볼 수 있는 사람이 될 수 있을 것이다.

공공상담소 마음의 증상을 말하다

반사회성 성격장애
증상을 말하다

반사회성 성격장애를 가진 사람들

반사회성 성격장애는 품행장애와 거의 유사한 행동 유형을 보이는데, 다만 18세 이상의 성인일 경우 진단을 내린다. 또한 만 15세 이전에 발생한 품행장애의 증거가 있어야만 한다. 다음 사례를 통해 반사회성 성격장애를 이해해보도록 하자.

20대 초반의 J씨는 폭행혐의로 입건되었다. 그는 노래방 도우미 중개하는 일을 하고 있었는데, 노래방 사장이 소개료를 제때 주지 않는다며 심하게 폭행을 했다. 그는 받아야 할 돈을 받으려고 했을 뿐인데, 왜 입건되는지 알 수 없다며 강하게 억울함을 호소했다. 불과 몇 달 전에는 음식점에서 술을 마시다가 옆 테이블의 손님과 시비가 붙어 싸우다가 입건된 적도 있었다.

J씨는 유치원 시절부터 주위가 산만하고 부산스러운 편이었다. 자신이 원하는 물건이 있으면 친구들을 밀치고 빼앗았다. 교사들이 말려도 소용이 없었다. 초등학교 입학 후에는, 친구들을 때려서 부모가 학교에 불려가는 일이 많았다. 중학생이 되면서, 학교 앞 편의점에서 CCTV를 피해 몰래 절도를 하거나, 교실에서 친구들의 돈을 훔치기 시작했다. 종종 하교하는 친구들을 위협하여 금품을 빼앗기도 했다. 학교를 무단결석하는 일도 잦았다. 결국 중3 때 학교에서 퇴학을 당했다. J씨는 열일곱 살 때부터 인터넷을 통해 만난 불량 서클의 선배와 함께 생활하면서 노래방 도우미 중개업을 시작했다. 열아홉 살 때는 두 살 연하의 여자친구에게 임신을 시키고 전혀 책임감을 느끼지 못했을 뿐만 아니라, 오히려 임신을 빌미로 자신을 구속하려 한다며 폭행하여 아이가 유산되었다.

사실, 반사회성 성격장애는 품행장애의 연장선상이라고 해도 과언이 아니다. 간단히 설명하면, 품행장애의 행동 특징인 범법 행위를 지속적으로 하고, 책임지지 않으며, 반성하거나 자책하거나 죄책감을 가지지 않는 행위들을 18세 이상이 되어서도 지속적으로 할 때 반사회성 성격장애로 진단할 수 있다는 것이다. 이제, DSM-5의 진단 기준도 함께 살펴보자.

어떤 행동을 할 때
반사회성 성격장애로 진단내리는 걸까

DSM-5 진단 기준을 이용한 1년간의 유병율은 0.2~3.3퍼센트이다. 가장 높은 반사회성 성격장애 유병률(70퍼센트 이상)을 보이는 집단은 물질 남용 클리닉, 교도소, 알코올사용장애 남성 집단으로 밝혀졌다.

반사회성 성격장애의 진단 기준

A. 15세 이후에 시작되고 다음과 같은 다른 사람의 권리를 무시하는 행동 양상이 있고 다음 중 세 가지(또는 그 이상)를 충족한다.

1. 체포의 이유가 되는 행위를 반복하는 것과 같은 법적 행동에 관련된 사회적 규범에 맞추지 못함

2. 반복적으로 거짓말을 함, 가짜 이름 사용, 자신의 이익이나 쾌락을 위해 타인을 속이는 사기성이 있음

3. 충동적이거나, 미리 계획을 세우지 못함

4. 신체적 싸움이나 폭력 등이 반복됨으로써 나타나는 불안정성 및 공격성

5. 자신이나 타인의 안전을 무시하는 무모성

6. 일정한 직업을 갖지 못하거나 혹은 당연히 해야 할 재정적 의무를 책임감 있게

   다하지 못하는 것 등의 지속적인 무책임성

7. 다른 사람을 해하거나 학대하거나 다른 사람 것을 훔치는 것에 대해 아무렇지

   도 않게 느끼거나 이를 합리화하는 등 양심의 가책이 결여됨

B. 최소 18세 이상이어야 한다.

C. 15세 이전에 품행장애가 시작된 증거가 있다.

D. 반사회적 행동은 조현병이나 양극성장애의 경과 중에만 발생되지는 않는다.

Reprinted with permission from the Diagnostic and Statistical manual of Mental Disorders,
Fifth Edition, (Copyright 2013). American Psychiatric Association.
한국어판: DSM-5 정신질환의 진단 및 통계 편람(제5판), (주)학지사, 2015

반사회성 성격장애자는 사이코패스다?

반사회성 성격장애와 가장 많이 혼동하는 것이 사이코패스다. 심지어는 전문가들도 반사회성 성격장애를 사이코패스의 다른 이름이라고 말하는 경우가 종종 있다. 그러나 사이코패스는 반사회성 성격장애와 현저하게 다른 양상이라는 것이 최근 연구 논문에서 주장되었다.

공공상담소 마음의 증상을 말하다

반사회성 성격장애의 가장 큰 특징이 다른 사람의 권리를 무시하고 그것을 파괴하는 행위가 15세 이전에 발생해서 성인기까지 지속되는 것이다. 하지만 사이코패스는 DSM-5에는 장애로 포함되어 있지 않다.

사이코패스를 진단하기 위해서는, 첫째 충동성이 있는가, 둘째 굉장히 얕은 정서 상태인가(예를 들면 슬픈 일이나 장면을 보면 '저거 슬프네요'라고 느끼지만, 그 이상의 깊은 슬픔은 느끼지 못한다), 세 번째로 언뜻 매력적으로까지 보이는가(미국의 연쇄 살인범들이 등장하는 영화를 보면 사이코패스들이 사람을 끌어들이는 매력이 있는 사람으로 그려질 때가 많다), 그리고 네 번째 냉담함을 가지고 있는가를 보아야 한다.

반사회성 성격장애와 사이코패스의 가장 큰 차이는, 반사회성 성격장애는 분노를 폭발시켜 앞뒤 가리지 않고 나쁜 짓을 하는 데 반해, 사이코패스는 목적을 가지고 계획적으로 사람을 범행 대상으로 끌어들이기도 한다는 것이다. 또한 사이코패스는 누군가를 유혹해서 지속적으로 나쁜 짓을 하거나 심하면 목숨까지 빼앗는 등 반사회성 성격장애에 비해 훨씬 더 지능적이다.

이렇게 반사회성 성격장애와 사이코패스는 분명히 다른 차원의 행태를 보인다.

반사회성 성격장애 치료를 위해 해야 할 일들

반사회성 성격장애는 품행장애가 계속 진행된 것이라서 품행장애보다 치료가 더 어렵다. 무엇보다 반사회성 성격장애를 가진 사람들의 가장 큰 문제는 다른 어떤 성격장애보다 평균 수명이 짧다는 것이다. 위험한 행동을 빈번하게 하고 자주 폭력을 사용하다 보니 위험한 환경에 많이 노출되어 상해를 입을 가능성이 높고, 중독에 빠질 위험도 크기 때문에 이들의 평균 수명이 짧을 수밖에 없다.

이번 장에서 품행장애와 반사회성 성격장애를 이야기하면서 가장 강조하고 싶었던 것은, 품행장애 행동 특성을 보이는 학생들은 어떻게든 반드시 전문적인 심리 정서적인 지원을 받고, 가능한 한 청소년 시기에 이 문제를 해결해야 한다는 점이다. 15~18세가 지나서도 품행장애 행동을 경감하지 못하면 성인이 되어가며 하나의 성격으로 굳어진다. 그렇기 때문에 청소년기에 이런 증상들을 치료할 수 있도록 주변 어른들이 적극적으로 지원해야 한다는 걸 강조하고 싶다. 앞서 말했던 바와 같이, 가장 좋은 방식은 상담을 지속적이며 안정적으로 받는 것이다. 만약 그런 조건을 만들 수 없다면 주변의 어른이 예측 가능하고 일관된 관계 맺기의 경험을 제공해야 한다.

여기서 품행장애와 반사회성 성격장애를 가진 아이들과 교류할 기회가 많은 교사들이나 또는 주변 어른들이 유의해야 할 점을 짚고

공공상담소 마음의 증상을 말하다

넘어가야 할 것 같다. 학생들이 학교 선생님이나 상담 선생님에게 화를 내고 반항하고, 심지어 폭력을 휘두를 때도 있다. 이럴 때 대부분의 선생님들은 그런 행동을 개인적으로 받아들이는 경향이 있다. 하지만 아이들의 공격은 교사 개인을 향한 것이 아니다. 선생님에게 대들고 반항해서 문제가 된 한 고등학생과 상담을 진행한 적이 있다. 그 학생은 자신의 감정에 대한 얘기를 하다가 놀라운 말을 들려주었다. "저는 '교사'에게 화를 낸 거지, 그 '사람'에게 화를 낸 건 아니에요. 사실 전 그 선생님을 잘 몰라요." 그 학생의 얘기를 듣고 큰 가르침을 받은 기분이었다. 청소년들이 반항하고 대항하고 저항하고 적대성을 보이는 것은 선생님 개인을 향한 것이 아니다. 교사 또는 상담자라는 '권위', 그리고 그런 권위를 가진 대상을 향한 것이라는 것을 안다면, 선생님과 상담자들도 그 아이 개인에 대해 힘겨워하지 않을 수 있을 것이다.

아이들은 항상 어른들을 시험한다. 저 사람은 나를 버틸 수 있는가, 견딜 수 있는가, 그리고 이런 나를 받아줄 것인가? 비유적으로 말하면, 아이들은 방짜유기를 제작하듯이 자신들이 생존할 공간을 더 넓히기 위해, 어른들의 인내심과 허용의 범위를 더 넓히기 위해 투쟁한다. 그래서 반항하고 대항하는 아이들의 행위를 수용하기 위해 어른들이 노력을 멈추지 않는다면, 언젠가 아이들도 멋진 어른으로 성장해 있을 것이다.

아이들은 누구나 건강하고 올바르게 성장하고 싶어 한다. 하지만 아이들이 올바르게 성장하지 못한 어른들의 세계에 머물러 있는 한, 건강하고 올바른 성장이 불가능하다. 품행장애 아이건, 반사회성 성격장애 어른이건, 이들은 일관되고 예측 가능하며 안정적이고 안전한 환경에서 자라지 못한 사람들이다. 꼭 부모가 아니더라도 교사나 상담자가, 또는 주변의 어른이 그 관계의 한계 내에서 충분히 수용해주고, 관계가 허용하는 만큼의 안정감을 주고 인정해준다면 장애의 요소들은 사라질 수 있다.

끝으로 품행장애나 반사회성 성격장애의 요소를 강하게 가진 내담자들과의 치료 경험을 통해 알게 된 한 가지 유용한 현실적인 제안을 하자면, 이들에게 치료적 효과를 가져올 수 있는 좋은 활동은 도자기 공예나 진흙놀이 같은 흙장난이다. 임상적 이유를 간략히 설명하자면, 정신분석적으로는 이들이 가진 분노는 대체로 항문기와 성기기의 고착과 연관이 많다고 보는데, 특히 항문기의 분노는 똥과 유사한 질감과 색깔을 가진 진흙을 만지는 동안 감각적인 해소가 가능하다. 특히, 진흙으로 형상을 만들고 그것을 불에 구워 도자기를 만드는 과정은 분노를 불에 태워 해소하는 과정을 연상시킨다. 게다가 도자기는 권위와 인정도 받을 수 있는 멋진 결과물이기 때문에 전형적인 승화의 형태로 분노를 조절한 것이라 할 수 있다.

공공상담소 마음의 증상을 말하다

11

우울장애
증상을 말하다

일상에서 겪는 심리적 증상 중에서 가장 많이 접하는 것이 '우울'이 아닐까? 심지어 감기 걸리듯 많은 사람들이 흔히 경험한다고 해서 우울은 '마음의 감기'라고도 불린다. 그런데 감기에 걸렸을 때, 약을 먹지 않아도 저절로 낫는 경우도 있지만, 노약자의 경우 폐렴과 같은 합병증을 일으켜 생명을 위협하기도 한다. 우울도 마찬가지이다. 가벼운 우울감은 대부분 며칠 이내 자연 회복되지만, 장애로 진단될 정도의 우울증은 환자의 10퍼센트가 자살로 생을 마감하는 심각한 질병이다.

소아 우울증, 산후 우울증, 갱년기 우울증, 노년 우울증, 계절 우울증 등 나이와 시기에 상관없이 광범위하게 펼쳐져 있는 우울증은 전 인구의 약 15퍼센트가 한 번 이상 경험할 정도로 흔한 질병이지만, 우울증 환자의 3분의 2는 자살 충동을 느끼고, 10~15퍼센트는 실제로 자살을 시도한다고 한다. 우울증이 있는 경우 자살에 대한 생각이 건강한 사람의 4~5배로 증가하고, 생활상의 스트레스나 음주 등이 겹치면 그 위험도는 급상승한다. 자살자를 대상으로 실시한 심리적 부검(psychological autopsy) 결과 약 75퍼센트가 우울증으로 밝혀졌다. 세계보건기구는 2020년 우울증이 모든 연령층에서 나타나는 질환 중 1위를 차지할 것이라고 예견했는데, 이는 암, 뇌질환과 같은 육체적 질병보다 우울증에 의한 사망률이 더 높아질 수도 있다는 말이다.

고대 그리스 의사 히포크라테스는 "슬픔(sorrow)이 지속된다면 그때는 우울증(melancholia)이다"라고 말했다. 과거에는 그의 말처럼 우울증을 나타낼 때 멜랑콜리아(melancholia)라는 단어를 사용했지만, 19세기 말부터는 디프레션(depression)이라는 용어를 쓴다. 요즘 우리가 정의하는 우울증은 히포크라테스가 정의한 지속되는 슬픔뿐만 아니라, 장기간 계속되는 기분 저하와 이에 동반되는 동기, 의욕, 수면, 행동과 관련된 일상생활의 어려움을 모두 포함하고 있다.

우울증을 지닌 사람들의 감정 변화를 영화 감상을 예로 들어 살펴보면, 슬픈 영화를 볼 때는 일반인들과 다르지 않다. 슬픈 장면에서 같이 슬퍼하며 우는데, 일반인보다 더 많이 슬퍼하는 것은 아니다. 도리어 우울증이 심할수록 적게 운다. 감정의 반응이 무디어져 있기 때문이다. 그러나 코미디 영화를 볼 때는 다르다. 우울증이 있는 사람들은 보통 사람들보다 웃긴 장면에서 즐거워하지 않으며 오히려 슬퍼하기까지 한다. 우울증은 과도한 슬픔보다는 '즐거움의 결핍'이 문제가 되는 장애이다.

우울할 정도로 많은
우울증의 유형

DSM-5의 '우울장애' 범주에는 주요 우울장애, 지속성 우울장애
(기분저하증), 파괴적 기분조절곤란장애, 월경전 불쾌감장애 등이 포
함되어 있다.

먼저, 우리가 흔히 우울증이라고 말하는 것은 주요 우울장애에 해
당한다. 주요 우울장애가 2년 이상 지속될 때는 지속성(만성) 우울장
애로 진단한다. 파괴적 기분조절곤란장애는 10세 이전 아이들에게
나타나는 우울장애인데, 10세 이전 아이들은 스스로가 우울하다는
것을 인지하지 못하는 상태에서 짜증을 낸다든가, 떼를 쓴다든가 하
는 방식으로 우울을 드러낸다. 여성의 경우 반복적으로 월경주기 전
에 예민해져서, 불안정한 기분을 느끼고 불안과 같은 증상이 나타나

는 월경전 불쾌감장애가 있다. 대부분의 여성이 월경 전에 다소간의 감정 변화를 겪기 때문에 크게 심각하게 받아들이지 않는다. 그러나 정도가 심해서 일이나 사회생활에 악영향을 미친다면 월경전 불쾌감장애로 진단한다.

우울증을 겪는
사람들의 모습

우울증 사례를 통해 증상을 살펴보고 이야기해보도록 하자.

30대 후반의 기혼 직장 여성인 Q씨. 퇴근 후 부랴부랴 친정에 맡긴 아이들을 데리고 집으로 돌아오는 길에 갑자기 엘리베이터에서 거울을 보는데, 눈물이 멈추지 않았다. 남들이 부러워하는 대기업에 다니는 남편과 똑똑하고 건강하게 자라고 있는 두 자녀, 안정적인 본인의 직장, 자녀들을 돌봐주는 친정 부모님도 계시고, 경제적인 풍요에 남부러울 것 없는 가정을 꾸리고 있는데, 최근 몇 달 동안 왠지 모르게 문득 슬픈 기분이 들면서 때와 장소를 가리지 않고 눈물이 흘러 당혹스럽다.

공공상담소 마음의 증상을 말하다

퇴근 후 아이들을 돌보며 집안일을 하다 보면 어느덧 한밤중이다. 최근에는 자주 야식을 배달시켜 맥주와 함께 먹는데, 맛을 음미하며 먹는다기보다 목구멍 속에 억지로 쑤셔 넣는 느낌이다. 그런 와중에 체중도 5킬로그램이나 불었다. 퇴근이 늦은 남편과는 얼굴 볼 시간도 없고, 늦은 시간 잠자리에 들어도 자다 깨다를 반복한다. 피로감이 쌓이다 보니 회사에서 업무 몰입도도 떨어지고 실수도 잦아졌다. 왜 이러고 사는지 그냥 하루하루가 힘들다. 그러다 보니 문득 문득 '그냥 이대로 죽으면 어떨까?'라는 생각이 스쳐 지나간다. '아이들을 생각해서 힘을 내야지!'라고 다짐을 해보지만 뜻대로 되지 않고, 모든 것들이 버겁게만 느껴진다.

우울장애를 경험하는 사람들 중 본인은 스스로가 우울한 상태라는 것을 전혀 지각하지 못하고, 이유 없이 슬퍼서 눈물을 흘리거나, 폭식을 하거나, 집중력이 떨어지고, 사는 게 힘들다고 호소하는 경우가 꽤 있다. 또 다른 사례를 보자.

U씨는 얼마 전 딸을 출산한 후에 심각한 우울감을 호소하고 있는 20대 후반의 여성이다. 임신 때도 불안하고 우울한 기분이 들어 힘들었는데, 출산 후에는 더욱 심해졌다. 남들은 아이가 너무 사랑스럽고 예쁘다고 하는데, U씨는 아이가 울 때마다 너무 무섭다. 그저

울기만 하는 아이가 도대체 뭘 원하는지 알 수가 없어서 답답하고, '이러다가 내가 아이를 잘못 돌봐서 죽는 건 아닐까?'라는 두려움이 엄습하기도 한다. 왜 아무도 아이 키우는 것이 이렇게 힘들다고 얘기해주지 않았는지 모든 사람들이 다 원망스럽기만 하다. 한번은 아이를 목욕시키다가 물속에 아이를 익사시키는 상상을 하는 자신을 발견하고 흠칫 놀라기도 했다. 한밤중에 수유로 인해 잠을 설치니 낮에도 피곤하고 힘들어 입맛도 전혀 없다. 이렇게 힘든데 자신과 아이만 남겨두고 회사에 출근한다고 쏙 빠져나간 남편이 정말 밉다. 며칠 전에는 가스레인지에 음식을 올려놓고 깜빡해서 화재가 날 뻔하기도 했다. '이렇게 힘들 줄 알았으면 아예 임신을 안 했을 텐데'라고 하루에도 몇 번씩 후회하고, 자신과 같은 못난 엄마를 둔 아이가 불쌍하게 느껴지기도 한다.

위의 사례처럼 산후에 우울증을 겪는 여성은 본인도 힘들지만, 정서적으로나 신체적으로 제대로 된 돌봄을 받지 못하는 아이에게도 좋지 않은 영향을 미치기 때문에 위험하다. 뿐만 아니라 나중에 산후 우울증에서 회복되더라도 자녀에게는 어떤 식으로든 그 흔적이 남는다. 따라서 산후 우울증이 장기간 지속되고 일상생활까지 영향을 미친다면, 하루라도 빨리 주변 사람이나 전문가의 도움을 받는 것이 좋다. 심각하다면 약물 치료도 고려해보아야 한다.

공공상담소 마음의 증상을 말하다

얼마나 우울해야
우울증으로 진단될까

지금까지 우울장애를 겪고 있는 사람들의 사례들을 이야기했는데 이를 좀 더 자세히 이해하기 위해서 진단 기준을 제시해본다.

DSM-5에 나와 있는 진단 기준은 아홉 가지가 있다. 그중에서 최소 다섯 개 이상의 증상이 거의 매일 연속적으로 2주 이상 나타나야 주요 우울장애로 진단한다. 해당되는 다섯 개의 증상 목록에서 1항과 2항 둘 중 하나는 반드시 포함되어야 한다. 또한 이러한 증상들로 인해 사회적, 직업적 또는 다른 중요한 기능 영역에서 현저한 고통이나 손상을 초래할 경우에만 주요 우울장애로 진단내릴 수 있다.

주요 우울장애의 진단 기준

. . . .

1. 하루 중 대부분, 그리고 거의 매일 지속되는 우울한 기분에 대해 주관적으로 보고

   (예: 슬픔, 공허감 또는 절망감)하거나 객관적으로 관찰됨(예: 눈물 흘림)

   〔주의점: 아동, 청소년의 경우는 과민한 기분으로 나타나기도 함〕

2. 거의 매일, 하루 중 대부분, 거의 또는 모든 일상 활동에 대해 흥미나 즐거움이 뚜

   렷하게 저하됨

3. 체중 조절을 하고 있지 않은 상태에서 의미 있는 체중의 감소(예: 1개월 동안 5퍼센트

   이상의 체중 변화)나 체중의 증가, 거의 매일 나타나는 식욕의 감소나 증가가 있음

   〔주의점: 아동에서는 체중 증가가 기대치에 미달되는 경우〕

4. 거의 매일 나타는 불면이나 과다 수면

5. 거의 매일 나타나는 정신운동 초조나 지연(객관적으로 관찰 가능함, 단지 주관적인 좌불

   안석 또는 처지는 느낌뿐만이 아님)

6. 거의 매일 나타나는 피로나 활력의 상실

7. 거의 매일 무가치감 또는 과도하거나 부적절한 죄책감(망상적일 수도 있는)을 느낌

   (단순히 병이 있다는 데 대한 자책이나 죄책감이 아님)

8. 거의 매일 나타나는 사고력이나 집중력의 감소 또는 우유부단함(주관적인 호소나 객

   관적인 관찰 가능함)

9. 반복적인 죽음에 대한 생각(단지 죽음에 대한 두려움이 아닌), 구체적인 계획 없이 반

   복되는 자살 사고, 또는 자살 시도나 자살 수행에 대한 구체적인 계획

Reprinted with permission from the Diagnostic and Statistical manual of Mental Disorders,
Fifth Edition, (Copyright 2013). American Psychiatric Association.
한국어판: DSM-5 정신질환의 진단 및 통계 편람(제5판), (주)학지사, 2015

공공상담소 마음의 증상을 말하다

우울증을 앓았던 사람들 중에 "내가 그때 우울한지도 몰랐었다"고 말하는 경우가 있다. 그런 이들은 몇 년이 지나서야 "내가 그때 엄청나게 우울했구나"라고 회고하기도 한다. 이렇게 자신이 주관적으로 알 수 없는 우울도 있는데, 주변 사람들 눈에 웃지 않거나 툭 치면 눈물을 흘릴 것처럼 슬픈 모습이 지속적으로 보이곤 한다.

우울한지 아닌지를 판별하는 설문지의 질문 중에 "나는 예전만큼 어떤 일에 대해 즐거움을 찾아낼 수 있다"라는 항목이 있다. 일상 활동에서 흥미를 찾아낼 수가 없고, 예전에 재미있었던 일에 심드렁해지고 흥미가 없어졌다면 우울장애를 의심해보아야 한다는 것이다. 단, 예전에는 사이클을 타는 게 재미있었는데 이제는 재미가 없다는 식으로 한 가지 행위에 대해서만 그런 것이 아니라, 일상생활 전반에 걸쳐 흥미를 잃어버리는 현상이 나타나야 한다.

5퍼센트 이상 또는 이하의 체중 변화도 눈여겨봐야 한다. 일반적인 여성의 몸무게가 50~60킬로그램이라고 봤을 때, 체중 조절을 하고 있지 않은 상태에서 2주 내에 3킬로그램이 늘거나 준다면, 식습관의 변화가 자신의 정신건강과 관계가 있는 건 아닌지 점검해볼 필요가 있다.

식습관과 더불어 우울을 알아볼 수 있는 것이 수면의 변화다. 우울증을 겪고 있는 사람에게는 불면이나 과다 수면이 나타난다. 그리고 실제로는 과다 수면처럼 보이지만 불면인 경우가 많다. 밤에 숙면을 취하지 못하니, 낮잠을 자기 위해 누워 있는데 이때 역시 가수면 상태가 지속되면서 오래 누워만 있을 뿐 불면 상태에 있는 것이다. 우울증으로 인한 불면이나 과다 수면을 겪는 사람을 보면 굉장히 멍한 상태처럼 보이지만, 사실은 내면은 무척 예민해져 있어 누워 있다가도 아주 작은 소리에 깜짝 놀라서 깨고, 자기 몸 상태에 대해서도 괜한 불안을 갖는다.

또한 '나에게 뭔가 문제가 있다'고 생각하거나 혹은 '우리 아이가 공부를 못 하는 것이 내 탓은 아닌가', '남편이 승진을 못 하는 게 나 때문인가', '친정 엄마가 몸이 아픈 건 내가 잘 돌봐주지 못해서인가' 하는 식의 부적절한 죄책감도 우울장애의 한 증상이다. 생각의 흐름이 지나치게 비약적이며, 논리적으로 생각하지 못하고 쉽게 자책감에 빠지는 것이다. 자기 존재 가치에 대해 무가치감을 느끼는 것도 이것과 연결될 수 있는데, '내가 제대로 행동하고 잘 돌보고 역할을 잘했다면 이런 일이 발생하지 않았을 텐데……'라고 여긴다.

뿐만 아니라 우울하면 우유부단해진다. 아주 사소하게는 마트에 가서 어떤 우유를 살지, 몇 개를 살지도 결정하지 못한다. 그래서 우울장애를 겪는 사람들이 선택이나 결정장애 현상을 보인다.

임상에서 우울장애를 겪는 사람들의 얘기를 듣다 보면 흔히 말하는 내용이 "아침에 눈뜨면 일어나기 싫다", "이대로 죽어버렸으면 좋겠다"라는 것이다. 우울증 환자들의 3분의 2 이상이 자살을 생각하고, 이 중에서 10~15퍼센트가 실제로 자살을 시도한다고 한다. 그리고 실제로 자살로 삶을 마감한 사람 중에 단 한 번의 시도만으로도 그렇게 된 경우가 많다는 보고는 눈여겨보아야 한다. 또 하나 자살을 시도하는 사람들이 그저 보이기 위해서 그러는 것이 아니라는 점도 중요하다. 단순히 보이기 위한 쇼가 아니라, 굉장히 절박한 심정으로 자살 시도를 하는 것이다. 자신과 세상에 대한 절망감 때문에 삶을 지속할 힘이 없어지고, 이럴 때 자살에 대한 생각이 굉장히 많아지게 된다.

얼마나 많은 사람이
우울증을 경험했을까

얼마나 많은 사람들이 우울장애를 경험하고 있을까? 우울장애는 국가 간 유병률의 격차가 크다. 미국이나 유럽, 뉴질랜드 등은 주요 우울장애의 평생 유병률이 10.1~16.6퍼센트로 높은 수준을 보이는데 반하여, 우리나라와 중국을 비롯한 비서구권 국가에서는 5퍼센트 이하의 낮은 수준의 유병률을 보인다. 2011년 보건복지부의 정신질환상태역학조사에서는 주요 우울장애의 평생 유병률이 6.7퍼센트, 1년 유병률이 3.1퍼센트로서 2006년 역학 연구에 비하여 다소 높은 수준을 보였으나, 서구권 국가에 비하여 낮은 수준이며, 비서구권 국가들과는 비슷하거나 다소 높은 수준이었다.

또한 남성과 여성의 우울증의 유병률이 1.5~3배 정도 차이가 난

공공상담소 마음의 증상을 말하다

다. 남성은 여성에 비해 감정을 잘 드러내지 않기 때문일 수도 있는데, 그렇다고 해서 남성이 여성에 비해 덜 우울하다는 뜻은 아니다. 사실 우울증은 어떤 도구를 사용해 통계를 내는가, 혹은 모집단이 어떤 집단인가에 따라서 상당히 차이가 나게 마련이다. 일례로 몇 년 전, 서울 소재 한 대학교 학생들을 대상으로 한 조사에서 약 50퍼센트 정도가 우울한 상태에 있다는 검사 결과가 보도된 적이 있다. 특히, 신입생들에게서 우울한 상태가 더 높게 나타났다고 한다.

우리는 왜
우울에 빠져 있을까

그렇다면 왜 우울증을 겪게 되는 걸까? 우울증은 흔한 증상이어서 원인에 대한 의견도 분분하다.

우선, 뇌의 신경화학적 요인으로 설명하는 카테콜아민 가설이 있다. 뇌신경세포가 서로 연락을 취하기 위해서는 호르몬이 신경 간에 전달되어야 하는데, 그 호르몬 중에서 카테콜아민이 결핍되면 우울장애가 생기고, 반대로 카테콜아민이 과하면 조증이 생긴다는 것이다.

또한 신경전달물질 중 세로토닌의 부족도 우울을 유발시킨다고 알려져 있다. 세로토닌은 안정감과 편안함을 담당하는데, 이에 문제가 생기면 불안과 함께 불쾌한 기분이 느껴지고 감정 조절이 힘들어져서 우울하게 된다는 것이다.

생활 스트레스가 우울 증상을 유발한다고 보는 관점도 있다. 현실의 스트레스를 개인이 감당하기 힘들다고 느낄 때, 버거움을 느끼며 우울 증상을 일으킨다는 것이다. 견디기 힘들 정도의 스트레스는 개인에 따라 다른데, 보통 가까운 가족이나 친구의 죽음, 대인관계 갈등, 경제적 파탄과 어려움 등이 대표적인 큰 스트레스로 꼽힌다. 그러나 스트레스의 양과 상관없이 이를 감당하는 개개인의 심리적 취약성이 우울장애를 유발한다고 보는 견해도 있다.

발달심리학의 관점에서는 우울에 대한 취약성을 형성하는 시기로 태어나서부터 12~18개월까지의 기간을 주장한다. 에릭 에릭슨(Erik H. Erikson)은 0~12개월을 신뢰와 불신의 시기라고 했다. 아이들은 태어나서 12개월까지 부모의 양육 태도에 따라 신뢰와 불신의 경험을 하게 되고, 이 시기에 내부적으로 '희망'이라는 덕목을 쌓게 된다. 얼마만큼 신뢰를 경험했는가에 따라 삶에 대한 희망의 강도가 정해진다. 에릭 에릭슨은 이 시기 아동 양육에서 가장 중요한 것은 일관성과 예측 가능성이라고 주장한다. 자의식이나 타의식이 없는 상태에서 아이는 자기가 경험하는 환경을 통해 '나의 주 양육자, 저 사람을 못 믿는다' 정도가 아니라 '자신을 포함한 온 세상을 못 믿게 되는 것'이다. 발달심리학자들과 정신분석가들 모두 우울증의 원인에 대해 주장하는 핵심은, '0~12개월 사이에 얼마만큼 일관적이고 예측 가능한 상황에서 자랐는가'이다. 우울증에 걸렸을 때 가장 위험한 것이 자살 시도라고 말했는데, 자살을 시도하는 이유는 어쩌면 희망의 상실이라고 할 수 있겠다.

현재 우울장애를 설명하는 대표적인 심리이론은 아론 벡(Aron T. Beck)의 인지삼제(cognitive triad)로 우울한 사람들의 공통적인 세 가지 인지적 왜곡에 대한 이론이다(1979).

첫째, 우울한 사람들은 우선 자기 자신에 대해서 부정적인 생각을 많이 지니고 있다. '나는 열등하고 결점이 많다', '나는 무능하다', '나는 사랑받지 못할 사람이다' 등의 부정적인 생각을 지닌다. 둘째, 우울한 사람들은 자신의 주변 환경에 대해 부정적 생각을 지니고 있다. '내가 처한 상황은 너무 열악하다', '나를 이해하고 도와줄 사람이 없다', '사람들은 나에게 무관심하거나 나를 무시하고 비난할 것이다' 등의 생각을 하게 된다. 마지막으로, 우울한 사람들은 자신의 미래에 대해서 부정적인 생각을 지니고 있다. '나의 미래는 비관적이고 암담하다', '앞으로 상황은 점점 더 악화되고 나의 고통은 무한히 계속될 것이다' 등의 생각이다.

우울한 사람들이 이렇게 부정적인 사고를 하는 이유는 이들이 인지적 오류(cognitive error)를 범하기 때문이라고 벡은 설명한다(1979). 인지적 오류란 우울한 사람들이 생활에서 일어나는 일의 의미를 해석하는 과정에서 흔히 범하게 되는 논리적 잘못을 뜻한다.

공공상담소 마음의 증상을 말하다

그렇다면 사회 문화적 요인은 없을까? 5~6년 전에 국제기구에서 실시한 연구 결과가 신문에 보도된 적이 있다. "전 생애에서 당신 삶의 가장 우울한 시기는 언제인가?"라는 조사를 했는데, 응답자가 대답한 평균 시기가 43.6세에서 ±1, 2세로 나왔다. 43.6세가 사회 문화적 맥락으로 보면 우울증에 걸릴 개연성이 높다는 뜻이다. 이때쯤이면 자녀가 사춘기인 경우가 많고, 건강의 하락을 온몸으로 느끼게 된다. 흰머리도 늘어나고, 체력도 저하되고, 노화의 길에 들어섰다는 것을 확연하게 실감한다. 또한 이즈음이 부모님이 많이 돌아가시는 때이기도 하다. 즉, 인생에서 여러 가지 조건들이 바뀌는 시기인 것이다. 여기에 경제적인 안정감을 확보했는가, 하지 못했는가도 영향을 미치고, 자녀들의 왕따, 성적 문제 등도 영향이 있다.

우울의 늪에서
빠져나오기 위하여

　이제 우울장애를 극복할 수 있는 방법에 대해 얘기해볼 때다. 어떻게 하면 우리가 이런 심리적 어려움을 극복할 수 있을까?

　우선, 내가 어떤 상황에서 우울을 느끼는지 목록을 만들어보는 것을 제안한다. 목록을 만들고 이것들이 나의 어떤 경험과 연관되는지 떠올려보는 것은 매우 도움이 된다. 그 경험에서 내가 원했던 것은 무엇이고, 좌절된 것은 무엇인지 찬찬히 살펴보는 과정을 통해 지금의 우울을 이해할 수 있기 때문이다.

　또한 몸을 움직여보는 것도 매우 좋다. 따로 시간을 내어 어떤 장소에 가서 운동을 하지 못하더라도 일상에서 몸을 움직이면 정서 조절에 큰 도움이 된다. 우울한 기분이 심하면 심할수록 몸을 움직여

공공상담소 마음의 증상을 말하다

활성화시켜보자. 기분이 한결 나아질 것이다.

　사실, 우울 증상이 심해지면 몸을 움직여 활동하는 것도 쉬운 일이 아니다. 운동을 하거나 일지를 쓸 수 없을 만큼 정도가 심하다면 심리 치료와 약물 치료를 병행하는 것이 좋다. 우울장애는 자살의 위험성을 가지고 있기 때문에, 심각성에 대해 본인이 인지하지 못하더라도 주변에서 관심을 갖고 전문가와 상담을 진행하도록 도와야 한다.

　우울 증상으로 심신에 기력이 없을 때 복식호흡이 매우 도움이 된다. 우울하면 자신도 모르게 몸을 웅크리는데, 웅크리고 있으면 호흡이 얕아져서 산소 공급이 부족해지고, 뇌에도 산소 공급이 안 된다. 웅크린 가슴을 펴고 깊은 호흡을 하면, 횡격막이 밑으로 내려가면서 폐에 더 많은 산소가 공급이 된다. 증가된 산소의 공급은 뇌의 혈액순환을 돕고 기분을 전환하는 데 도움을 준다. 복식호흡은 앉아서 할 수도 있고, 누워서 하는 방법도 있다. 몸에 기력이 없다면 누워서 하는 방법으로 시작해보자.

　우선, 가슴이 넓게 펴지도록 편안하게 누운 후, 두 손을 배 위에 올려놓는다. 두 번째, 배를 내밀면서 숨을 천천히 깊게 코로 들이마신다. 숨이 가득 찼다고 느껴지면 3초 정도 멈춘다. 세 번째, 배를 집어넣으면서 서서히 숨을 내쉰다. 숨을 내쉴 때는 입으로 내쉬는데, 가능한 천천히 내쉰다. 이때 들이마신 공기보다 더 많이 내쉰다는 느낌으로, 폐 안의 공기를 완전히 빼낸다.

복식호흡은 들숨은 짧게, 날숨은 길게 하는 것이다. 이것은 불교의 수식관이라는 명상에서 사용하는 호흡법인데, 정신적인 안정과 산소 호흡을 조화로운 상태로 만들어준다. 가벼운 우울장애라면 복식호흡만 20~30분 하더라도 상당한 효과를 거둘 수 있다.

우울 증상에 상담이 도움이 되는 경우도 있고, 아닌 경우도 있다. 어떤 중년 부인이 우울증으로 7~8년 약물 복용을 하는 중에 내게 상담을 온 적이 있었다. 이분의 경우 내 판단으로는 우울증이라기보다 기력 저하가 근본적인 문제라고 여겨져 상담보다는 한의원에 가서 보약을 먼저 드시라고 권해드렸다. 이후 4~5개월 뒤에 연락이 왔는데 몸과 마음이 서서히 회복되고 있다는 소식이었다.

또 다른 경우는 15년 이상 우울증 약을 드신 분으로, 그동안 정신과 의사를 세 사람이나 바꿔가면서까지 병원에 다녔는데, 단 한 번도 상담을 받으라는 권고를 받은 적이 없다고 한다. 그런데 이분은 고등학교 3년 중 2년 동안 왕따를 당한 경험이 있어 전형적인 교우 관계로 인한 우울 증상을 겪고 있었다. 이분은 나와 6개월 정도 상담 작업을 하면서 약을 줄이기 시작했고, 1년쯤 지난 후에는 우울 강도도 확연히 줄어들었다.

이렇게 우울의 원인이 분명하다면, 정신과에 가는 것보다는 가까운 곳의 믿을 만한 심리전문가를 찾아서 상담을 받으라고 권하고 싶다. 약이 주는 효과도 있지만 폐해도 있기 때문에 약에 의지해서 우울증을 극복하겠다는 생각은 지양했으면 좋겠다. 증상이 심각하지 않다면, 우울증을 이겨낸 분들이 쓴 극복기도 읽어보고, 인터넷 카페 같은 곳에 가입해서 지지와 위로를 받는 것도 도움이 된다.

우울증 자가 테스트를 할 수 있는 '한국형 벡 우울증 척도(BDI)'가 있다. 이것은 우울증에 대해 간단히 알아볼 수 있는 검사로, 인터넷을 통해서도 쉽게 해볼 수 있다. '내가 혹시 우울장애가 아닐까?' 하고 불안감만 키우지 말고 자가 점검 차원에서 한번 해보는 것도 좋겠다. 물론 증상이 심하다고 느낀다면 전문가를 찾아가야 한다.

우울증의 경우 '내가 우울을 극복해야지' 하고 마음먹고 애쓴다고 해서 나아지는 것은 아니다. 그런데 우울증을 경험하고 있는 사람의 가족이나 주변 사람들은 "뭘 그렇게 심각하게 생각해. 긍정적으로 생각해"라고 쉽게 말하며, 이겨내겠다는 의지만 있으면 얼마든지 이겨낼 수 있다고 조언하기까지 한다. 이러한 조언은 심각하게 우울증을 앓고 있는 사람에게 별 도움이 안 된다. 오히려 우울증을 수수방관하게 만드는 결과를 낳는다. 따라서 주변 사람들이 정말 도움이 되고 싶다면 환자에게 의지력을 키우라고 말하기보다, 그들의 이야기를 공감하며 들어주길 바란다.

끝으로, 우울증의 극복을 위해 가장 중요한 점 하나를 이야기해보려 한다. 상담 현장에서 우울한 내담자들과 작업을 하다 보면, 이들 대부분이 사람들에게 '착하다'는 말을 듣는 성격을 가졌다는 공통점을 발견할 수 있다. 쉽게 분노하지 못하거나, 자신의 감정을 잘 표현하지 못하는 어려움을 가지고 있다. 부당한 대우를 받아도 항변하지 못하고, 친구나 동료가 자신을 험담하고 부려먹어도 '그럴 만한 이유가 있을 거야'라고 애써 이해하려 노력한다.

친정 부모의 불공평하고 착취적인 태도를 평생 참고 살아왔거나, 부당한 시댁의 대우를 오랫동안 견디면서 살아왔거나, 남편의 불합리한 행동들도 오랫동안 받아주면서 살아온 중년 여성들 중에서 우울증을 호소하는 경우가 아주 많다. 이들은 자기 자신을 지키기 위해 분노해야 하거나 부당함을 항변해야 하는 시점마다 그저 참아왔다. 그리고 이런 일이 오래되다 보니, 결국 자신을 지키지 못한 것에 실망하고 피해자인 자신에게 오히려 화를 내는 모순된 상황이 되었고, 이것이 우울이라는 감정 상태를 불러온 것이다.

따라서 아주 병리적인 증상으로 전문적인 치료를 받아야 할 정도의 우울증이 아니라, 일상에서 우울함 때문에 마음이 무거운 정도라면, 먼저 부당한 상황이나 그런 상황을 만든 사람에 대해 내가 너무 참아주고 있는 건 아닌지 의심해보아야 한다. 그런 다음 어떤 사람이나 상황 앞에서든 자기 의사와 감정을 적절하게 잘 표현할 방법을 모색해보자. 이를 전략적으로 잘 표현한다면 일상적인 우울감을 해소하는 데 큰 도움이 될 것이다. 참는 것은 내가 아닌 상대를 이롭게 하는 일일 뿐이다.

참고문헌

1. 공황장애 증상을 말하다

권석만 (2003, 2013). 현대이상심리학 제1판, 제2판. 서울: 학지사.

이윤기 (2002). 이윤기의 그리스 로마 신화 2. 서울: (주)웅진씽크빅.

American Psychiatric Association(2013). 정신질환의 진단 및 통계편람 제5판 [*Diagnostic and Statistical Manual of Mental Disorders-5th edition* (DSM-5)]. 권준수 외 공역 (2015). 서울: 학지사.

http://www.asiatoday.co.kr/view.php?key=20151123010013604

2. 불안장애 증상을 말하다

권석만 (2003, 2013). 현대이상심리학 제1판, 제2판. 서울: 학지사.

김화임 (2009). 파스빈더의 영화 〈불안은 영혼을 잠식한다〉를 통해 본 이주민의 정체성   문제. 소통과 인문학. 8, 67-94.

김휘곤, 김대호, 오대영, 서호준, 허휴정, 채정호 (2015). 범불안장애 환자와 일반인의 걱정 내용 및 심각도의 비교. 대한불안의학회지, 11(1), 47-53.

조맹제 (2011). 2011년도 정신질환실태 역학조사 보고서. 서울: 보건복지부.

American Psychiatric Association(2013). 정신질환의 진단 및 통계편람 제5판 [*Diagnostic and Statistical Manual of Mental Disorders-5th edition* (DSM-5)]. 권준수 외 공역 (2015). 서울: 학지사.

3. 강박장애와 강박성 성격장애 증상을 말하다

권석만 (2003, 2013). 현대이상심리학 제1판, 제2판. 서울: 학지사.

김희운 (2016, 2, 23). 20대 강박장애 최다, 심하면 '틱'으로 이어질 수도. 한국경제신문.

조맹제 (2011). 2011년도 정신질환실태 역학조사 보고서. 서울: 보건복지부.

American Psychiatric Association(2013). 정신질환의 진단 및 통계편람 제5판 [*Diagnostic* and Statistical Manual of Mental Disorders-5th edition (DSM-5)]. 권준수 외 공역 (2015). 서울: 학지사.

James L. Brooks (Producer). (1997). As Good As It Gets [Film]. 서울: 소니픽쳐스. 2013.

Freud, S. (1913). 늑대인간 [The standard edition of the complete psychological works of Sigmund Freud, Vol. 8.]. 김명희 역(2012). 서울: 열린책들.

Mitrani, J. L. (2008). 상상을 위한 틀: 존재의 원시적 상태들에 대한 임상적 탐구 [A framework for the imaginary: Clinical explorations in primitive states of being]. 이재훈 역 (2015). 서울: 한국심리치료연구소.

Salkovskis, P. M. (1985). Obsessional-compulsive problems: A cognitive-behavioural analysis. Behaviour research and therapy, 23(5), 571-583.

http://www.nhis.or.kr

4. 섭식장애 증상을 말하다

권석만 (2003, 2013). 현대이상심리학 제1판, 제2판. 서울: 학지사.

김율리, 전옥순 (2013). 섭식장애의 치료. 서울: 학지사.

American Psychiatric Association(2013). 정신질환의 진단 및 통계편람 제5판 [Diagnostic and Statistical Manual of Mental Disorders-5th edition (DSM-5)]. 권준수 외 공역 (2015). 서울: 학지사.

Bruch, H. (2001). The golden cage: The enigma of anorexia nervosa. Cambridge, MA: Harvard University Press.

Susan Bordo. (2001). 참을 수 없는 몸의 무거움: 페미니즘, 서구문화, 몸 [Unbearable weight: feminism, western culture, and the body]. 박오복 역(2003). 서울: 또 하나의 문화

건강보험심사평가원(2016). 통계로 보는 질병정보. 섭식장애. http://www.hira.or.kr/re/ stcllnslnfm/seasonslnslnfm.d 에서 2016. 2. 28 인출.

5. 성격장애 증상을 말하다

권석만 (2003, 2013). 현대이상심리학 제1판, 제2판. 서울: 학지사.

권석만, 한수정 (2009). 자기애성 성격장애. 서울: 학지사.

송지영(2009). 정신증상: 기술과 이해. 서울: 집문당.

Adler, A. (1991). *The practice and theory of individual psychology*. Brimingham, AL:
   Classics of Psychiatry & Behavioral Sciences Library. (Original work published 1929)

American Psychiatric Association. (1994). *Diagnostic and Statistical Manual of Mental
   Disorders, Fourth Edition (DSM-5)*. Washington, DC: Author.

American Psychiatric Association(2013). 정신질환의 진단 및 통계편람 제5판 [*Diagnostic
   and Statistical Manual of Mental Disorders-5th edition* (DSM-5)]. 권준수 외 공역
   (2015). 서울: 학지사.

Beck, A. T. & Freeman, A. (1990). *Cognitive therapy of personality disorder*. New York:
   Guilford.

Blashfield, R. K., & Davis, R. T. (1993). Dependent and histrionic personality disorders. In
   Comprehensive handbook of psychopathology (2nd ed.). New york: Plenum.

Greenberg, R. P., & Bornstein, R. F. (1998). The dependent personality: I. Risk for psysical
   disorders. *Journal of Personality Disorder*, 2, 126-135.

Kohut, H. (1968). The psychoanalytic treatment of narcissistic personality disorder.
   Psychoanalytic Study of the Child, 23, 86-113.

Judith Herman. (1997). 트라우마 [*Truma and Recovery*]. 최현정 역 (2012). 서울: 열린책들.

Paris, J. (2002). Chronic suicidality among patients with borderline personality disorder.
   Psychiatric Services, 53, 738-742.

Zanarini, M., Gunderson, J., Marino, M.,Schwartz,E., & Frankenburg,E. (1989). *Childhood
   epoeriences of borderline patients. Comprehensive Psychiatry*, 30, 18-25.

[네이버 지식백과] 성격은 타고날까, 만들어질까? (청소년을 위한 정신의학 에세이, 2012. 6.
   30. 해냄) 재인용

[네이버 지식백과] 성격 장애 [*personality disorders*] (심리학용어사전, 2014. 4. 한국심리학회)
   재인용

6. 중독 증상을 말하다

권석만 (2003, 2013). 현대이상심리학 제1판, 제2판. 서울: 학지사.

최삼욱 (2014). 행위중독. 서울: 눈출판그룹.

(주)한국갤럽조사연구소 (2014). 2014년도 사행산업이용실태 조사. 사행산업통합감독위원회.

Alain de Botton. (2004). 불안 [*Status Anxiety*]. 정영목 역(2009). 파주: 도서출판 이레.

American Psychiatric Association(2013). 정신질환의 진단 및 통계편람 제5판 [*Diagnostic and Statistical Manual of Mental Disorders-5th edition* (DSM-5)]. 권준수 외 공역 (2015). 서울: 학지사.

Antoine de Saint-Exupéry. (1943). 어린 왕자 [*Le Petit Prince*]. 박성창 역 (2000). 서울: 비룡소.

Phiip J. Flores (2004). 애착장애로서의 중독 [*Addiction as an Attachment Disorder*]. 김갑중 역 (2014). 서울: 눈출판그룹.

7. 망상장애 증상을 말하다

권석만 (2003, 2013). 현대이상심리학 제1판, 제2판. 서울: 학지사.

김중술, 이한주, 한수정 (2003). 사례로 읽는 임상심리학. 서울: 서울대학교출판문화원.

American Psychiatric Association(2013). 정신질환의 진단 및 통계편람 제5판[*Diagnostic and Statistical Manual of Mental Disorders-5th edition* (DSM-5)]. 권준수 외 공역 (2015). 서울: 학지사.

http://www.hira.or.kr

8. PTSD: 외상 후 스트레스 장애 증상을 말하다

권석만 (2003, 2013). 현대이상심리학 제1판, 제2판. 서울: 학지사.

박완서 (1992). 그 많던 싱아는 누가 다 먹었을까. 서울: (주)웅진출판

조맹제 (2011). 2011년도 정신질환실태 역학조사 보고서. 서울: 보건복지부.

American Psychiatric Association(2013). 정신질환의 진단 및 통계편람 제5판[*Diagnostic and Statistical Manual of Mental Disorders-5th edition* (DSM-5)]. 권준수 외 공역 (2015). 서울: 학지사.

Oliver Stone (Producer). (1990). *Born on the forth of July* [*Film*]. 서울: 유니버셜픽쳐스코리아 [제작]. 2003.

Rebecca Solnit. (2009). 이 폐허를 응시하라 [*A Paradise Built in Hell*]. 정해영 역 (2012). 서울: 펜타그램.

Schnyder, U., Ehlers, A., Elbert, T., Foa, E. B., Gersons, B. P., Resick, P. A., Shapiro, F. & Cloitre, M. (2015). Psychotherapies for PTSD: what do they have in common. *European journal of psychotraumatology*, 6.

9. ADHD : 주의력결핍 과잉행동장애 증상을 말하다

권석만 (2003, 2013). 현대이상심리학 제1판, 제2판. 서울: 학지사.

강위영, 공마리아 (1998). 주의력결핍 아동의 교육 프로그램. 대구: 대구대학교 출판부.

최고은, 권지성 (2013). ADHD 성향 아동과 지지체계를 대상으로 한 통합적 지원 프로그램에 대한 평가 연구. 한국사회복지학, 65(3), 207-238.

건강보험심사평가원 (2012). 소아 · 청소년 주의력 결핍 장애, 10명 중 8명 '男'. 보도자료

American Psychiatric Association(2013). 정신질환의 진단 및 통계편람 제5판 [*Diagnostic and Statistical Manual of Mental Disorders-5th edition* (DSM-5)]. 권준수 외 공역 (2015). 서울: 학지사.

Charles Wenar, Patricia Kerig. (2005). 발달정신병리학 5판 [*Developmental Psychopathology From Infancy through Adolescence Fifth Edition*]. 이춘재, 성현란, 송길연, 윤혜경, 김혜리, 박혜원, 장유경, 정윤경 공역 (2013). 서울: 박학사.

Karidis, Arlene. (2015). ADHD questions persist Experts disagree on causes, use of drugs, parenting techniques. *Gazette [Ft. Wayne, Ind]* 1, C.1.

Pelham, W. E. & Bender, M. E. (1982). Peer relationships in hyperactive children: Description and treatment. In K. D. Gadow & I. Bailer(Eds.), *Advances in learning and behavioral disabilities* (Vol. 1, pp.365-436). Greenwich: JAI.

Erhardt, D. & Hinshaw, S. P. (1994). Initial sociometric impressions of attention-deficit hyperactivity disorder and comparison boys: predictions from social behaviors and from nonbehavioral variables. *Journal Consult Clinics Psychology*, 62, 833-842.

10. 품행장애와 반사회성 성격장애 증상을 말하다

권석만 (2003, 2013). 현대이상심리학 제1판, 제2판. 서울: 학지사.

Albert Camus (1942). 이방인 [*L'Etranger*]. 김화영 역(2014). 서울: 민음사.

American Psychiatric Association(2013). 정신질환의 진단 및 통계편람 제5판 [*Diagnostic and Statistical Manual of Mental Disorders-5th edition* (DSM-5)]. 권준수 외 공역 (2015). 서울: 학지사.

Charles Wenar, Patricia Kerig. (2005). 발달정신병리학 5판 [*Developmental Psychopathology From Infancy through Adolescence Fifth Edition*]. 이춘재, 성현란, 송길연, 윤혜경, 김혜리, 박혜원, 장유경, 정윤경 공역 (2013). 서울: 박학사.

Coid, Jeremy, & Ullrich, Simone (2010). Antisocial personality disorder is on a continuum with psychopathy. *Comprehensive Psychiatry* 51(4), 426−433.

Loeber, R., & Hay, D. (1997). Key issues in the development of aggression and violence from childhood to early aduthood. Annual Review of Psychology, 48, 371−410.

Lynne Ramsay (Producer), (2011). *We Need to Talk About Kevin* [*Film*]. 서울: 아트서비스[제작·판매]: 티캐스트[공급]. 2015.

11. 우울장애 증상을 말하다

권석만 (2003, 2013). 현대이상심리학 제1판, 제2판. 서울: 학지사.

조맹제 (2011). 2011년도 정신질환실태 역학조사 보고서. 서울: 보건복지부.

American Psychiatric Association(2013). 정신질환의 진단 및 통계편람 제5판 [*Diagnostic and Statistical Manual of Mental Disorders-5th edition* (DSM-5)]. 권준수 외 공역 (2015). 서울: 학지사.

Aron T. Beck, John Rush, Brain F. Shaw, and Gary Emery. (1979). 우울증의 인지치료 [*Cognitive Therapy of Depression*]. 원호택 외 공역 (1997). 서울: 학지사.

David G. Myers. (2006). 심리학개론 [*Psychology, 8th Edition*]. 신현정, 김비아 공역 (2007). 서울: 시그마프레스.

Kessler, R. C., Grillis−Light, J., Magee, W. J., Kendler, nK. S., & Eaves, L. J. (1997). Childhood asversity and adult psychopathology. In I. H. Gotlib & B. Wheaton (Eds.), *Stress and adversity over the life courese: Trajectories and turning ponts*(pp. 29−49). New York:: Cambridge University Press.

Marin Brest (Producer), (1992). *Scent Of A Woman* [*Film*]. 서울: 유니버설픽쳐스코리아[제작]. 2005.

Mazure, C. M.(1998). Life stressors as risk factors in depression. *Clinical Psychology: Science and Practice*, 5(3), 291−313.

Schidkraut, J. J. (1965). The catecholamine Hupothesis of affective disorders: A review of supporting evidence. *American Journal of Psychiatry*, 112, 509,−522.

[네이버 건강백과] 복식호흡. 재인용